공습
국어

많은 학부모들이 선택한

독해력 향상의 길잡이

공습국어 초등독해는 2008년 첫 선을 보인 이래 [illegible]와 학생들로부터 남다른 관심과 사랑을 받고 있습니다. 공습국어 초등독해[illegible] 학습을 대표하는 교재로서 자리를 잡을 수 있었던 것은 아이들이 [illegible] 풀이와 학습 요소를 적절히 배치하여 독해력 향상을 위해 꼭 알아야 할 [illegible] 수 있도록 구성했기 때문입니다.

그런데 단계별로 교재의 수가 적어 서너 달이 지나면 더 이상 단계에 맞는 독해력 학습을 지속할 수 없는 문제가 있었습니다. 그렇다고 다음 단계로 넘어가는 것도 학년 수준에 맞지 않아 몇 달 동안 이어온 학습 흐름이 끊어질 수밖에 없었습니다.

이번에 추가로 독해력 교재를 출간하게 된 것은 **각 단계에 맞는 독해력 학습을 적어도 1년 정도는 꾸준히 진행**할 수 있게 하기 위해서입니다. 이렇게 함으로써 다음 단계를 학습할 때까지의 기간을 최소화하거나 바로 다음 단계로 넘어가더라도 큰 어려움 없이 적응할 수 있을 것입니다.

심화 교재는 기본 교재와는 다른 문제 유형으로 코너를 구성하였습니다. 이는 **같은 유형을 반복함으로써 오는 지루함을 없애고 문제 풀이 방법이 관성화되는 것을 막기 위해서**입니다. 또한 기존 독해력 교재에서 다루지 않았던 유형을 다룸으로써 글을 읽고 분석하는 능력을 좀 더 심화시키기 위해서입니다.

공습국어 초등독해는 그간 독해력 교재를 이용해 온 학부모와 학생들의 의견을 반영한 산물입니다. 물론 새로운 교재 구성이나 내용을 모든 학부모와 학생이 만족스러워 할 것이라고 생각하지는 않습니다.
주니어김영사는 교재에 대한 질책과 격려 모두를 소중히 받아 안을 것입니다. 항상 열린 자세로 최대한 교재를 효과적으로 이용할 수 있도록 도와드릴 것이며 아울러 더 좋은 교재로 다가가기 위해 노력하겠습니다.

감사합니다.

공습국어 초등독해 학습 전략

"공습국어 초등독해는 다양한 갈래의 글감 읽기를 통해 정독 습관을 길러주는 독해력 훈련 프로그램으로, 글의 구조와 내용을 파악하는 효과적인 절차와 방법을 습득함으로써 잘못된 읽기 습관을 바로 잡고 독해에 대한 자신감을 심어줍니다."

기본과 심화의 연속된 독해 학습 과정

공습국어 초등독해는 전 과정이 학년에 따라 나누어져 있습니다. 크게 1·2학년, 3·4학년, 5·6학년 3개의 과정으로 이루어져 있습니다. 그리고 각 과정별로 기본 Ⅰ·Ⅱ·Ⅲ, 심화 Ⅰ·Ⅱ·Ⅲ 단계로 구성되어 있습니다.

과정	단계	
1 • 2학년	기본	Ⅰ, Ⅱ, Ⅲ 단계
	심화	Ⅰ, Ⅱ, Ⅲ 단계
3 • 4학년	기본	Ⅰ, Ⅱ, Ⅲ 단계
	심화	Ⅰ, Ⅱ, Ⅲ 단계
5 • 6학년	기본	Ⅰ, Ⅱ, Ⅲ 단계
	심화	Ⅰ, Ⅱ, Ⅲ 단계

기본 단계와 심화 단계는 서로 다른 구성과 학습 목표를 가지고 있습니다. 기본 단계는 낱말이 가지고 있는 기본적인 의미와 다른 낱말과 관계를 파악하는 단계입니다. 심화 단계는 유추와 연상 활동을 통해 낱말이 가지는 다양한 의미를 알고 정확하게 낱말을 읽고 쓰는 단계입니다.

기본 단계와 심화 단계는 서로 동떨어져 있는 것이 아니라 연속된 훈련 단계입니다. 따라서 공습국어 초등독해를 처음 시작하는 경우는 기본 단계부터 순서대로 학습하는 것이 학습 효과를 극대화할 수 있습니다.

물론 공습국어 초등독해 기본 단계로 학습한 경험이 있다면 각 과정의 심화 단계를 공부해도 괜찮습니다. 하지만 3·4학년 과정에서 기본 단계를 학습하고 현재 5학년이나 6학년이 되었다면 5·6학년 과정의 심화 단계보다는 5·6학년 과정의 기본 단계부터 시작하거나, 3·4학년 과정의 심화 단계를 한 다음 5·6학년 과정의 기본 단계로 넘어가는 것이 좋습니다.

글밥지도를 통해 글의 짜임과
내용을 한눈에 파악한다!

공습국어 초등독해의 특징

하나 마인드맵을 이용한 독해력 훈련

공습국어 초등독해는 효과적인 학습 방법으로 주목을 받고 있는 마인드맵을 이용하여 글감의 짜임과 내용을 분석하고 정리하는 방법을 제시하고 있습니다. 글감의 중심 생각이나 소재를 가운데에 놓고 이로부터 생각의 가지를 뻗어나가면서 세부 주제와 관련된 내용을 정리하다 보면 어느새 글감의 전체 구조와 내용을 한눈에 파악할 수 있을 것입니다.

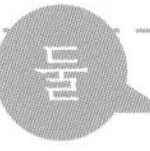

둘 국어 평가 방향에 맞춘 갈래별 문제 구성

글의 갈래는 크게 정서를 표현하는 글, 설득하는 글, 정보를 전달하는 글로 구분할 수 있습니다. 글은 갈래별로 표현하는 방식이나 목적이 다르기 때문에 글을 읽을 때 갈래별 특성에 맞게 읽어야 합니다. 초등 국어 교육 과정에서도 갈래별 특성에 맞는 글 읽기를 위해 글감의 갈래에 따른 평가 방향을 정하여 놓고 있는데, 공습국어 초등독해는 이러한 평가 방향에 맞추어 갈래별로 문제를 구성하였습니다.

셋 사실적 이해와 비판적 이해를 위한 전략 제시

사실적 이해와 비판적 이해는 글감의 내용을 입체적으로 파악하기 위해 거쳐야 할 필수 과정입니다. 따라서 공습국어 초등독해에서는 '글밥지도 그리기' 꼭지를 통해 글감의 사실적 이해를 다루었으며, '끄덕끄덕 공감하기'와 '요목조목 따져보기'를 통해 비판적, 추론적 이해를 다루었습니다. 사실적 이해 단계는 각 문단별 중심 내용과 글의 짜임, 그리고 글 전체를 간추리며 글의 중심 생각을 파악하는 것이라고 한다면, 비판적 이해 단계는 글쓴이의 의도를 이해하고 내용의 적절성에 대한 주관적, 객관적 판단을 하는 것이라고 볼 수 있습니다.

넷 재미있고 다양한 생활 밀착형 글감 구성

공습국어 초등독해는 설명하는 글이나 설득하는 글과 같이 독해를 위한 기본 글감 이외에도 일상생활에서 자주 보게 되는 광고문이나 기사문, 아이들이 직접 쓰는 일기, 보고문, 기록문, 감상문 등 여러 형식의 글감을 다양하게 싣고 있습니다. 이렇게 친숙한 소재와 형식의 글들은 독해에 대한 부담을 줄이고 재미있게 글을 읽을 수 있도록 도와줍니다.

마인드맵과 독해력

마인드맵은 영국의 언론인이자 교육심리학자인 토니 부잔(Tony Buzan)이라는 사람이 고안해낸 두뇌 계발 및 생각 정리의 기법입니다. 토니 부잔은 대학 시절 자신이 연구해야 할 분량이 점점 많아지자 이를 효과적으로 정리하고 기억할 수 있는 방법이 없는지 고민을 하게 됩니다. 이 당시 그가 방법을 찾기 위해 스스로에게 던진 질문을 보면 마인드맵이 어떤 유용한 역할을 수행할 수 있는지를 엿볼 수 있는데 몇 가지 질문의 예를 들자면 다음과 같은 것이 있었습니다.

- **어떻게 배울 것인가?**
- **사고의 본질은 무엇인가?**
- **기억에 가장 도움이 되는 학습 기법은 무엇인가?**
- **독서에 가장 도움이 되는 방법은 무엇인가?**
- **창조적 사고에 가장 효과적인 학습 방법은 무엇인가?**

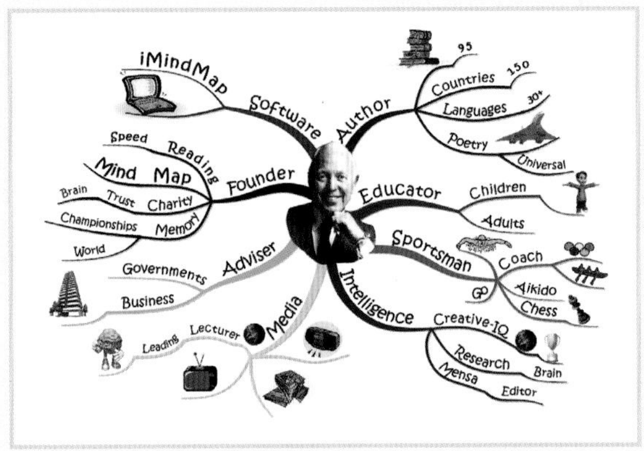

▲ 토니 부잔의 마인드맵 이미지

토니 부잔이 스스로에게 던진 질문 가운데 '독서에 가장 도움이 되는 방법은 무엇인가?'라는 것이 있습니다. 이는 책을 읽고 책의 내용을 정리하는 방법으로서 마인드맵의 역할을 이미 고려하고 있었다는 것을 알 수 있습니다. 실제로 그의 바람대로 마인드맵은 책의 내용을 분석하고 정리하는 데 가장 효과적인 수단이 되고 있습니다.

마인드맵은 학습 방법으로도 그 효과가 매우 뛰어나 실제로 많은 학생들이 공부한 내용을 정리하는데 적극적으로 활용하고 있습니다. 〈공부 9단 오기 10단〉의 저자로 잘 알려진 박원희나 미스코리아 출신으로 하버드에 합격한 금나나 등 공부 잘하는 사람들의 공부 방법을 들여다보면 마인드맵을 비중 있게 활용하고 있음을 쉽게 확인할 수 있습니다.

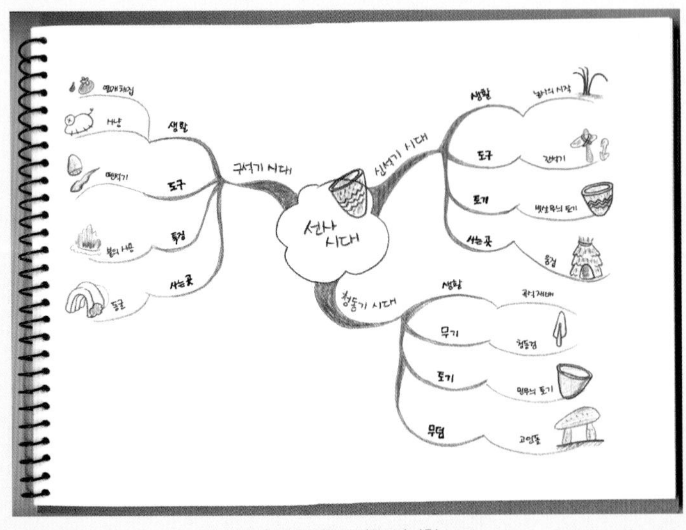

▲ 마인드맵으로 국사를 정리한 노트

마인드맵(Mind map)은 주제와 관련된 세부 내용들을 여러 갈래로 가지를 그려나가며 체계적으로 정리하는 것으로 학습 방법으로도 그 효과가 매우 뛰어나 실제로 많은 학생들이 공부한 내용을 정리하는데 적극적으로 활용하고 있습니다.

마인드맵을 그리는 방법은 토니 부잔의 마인드맵 이미지를 보면 알 수 있듯이 매우 간단합니다. 중심이 되는 주제나 생각을 가운데에 놓고 중심 생각과 관련 있는 주제들을 나뭇가지처럼 배열하면 됩니다. 만약 주제와 연관된 하위 주제나 생각이 있다면 상위 주제에 새로운 가지를 연결하여 내용을 적어주면 되는데 과장해서 표현하자면 생각의 가지는 새로운 주제나 내용이 있는 한 무한대로 연결할 수 있을 것입니다.

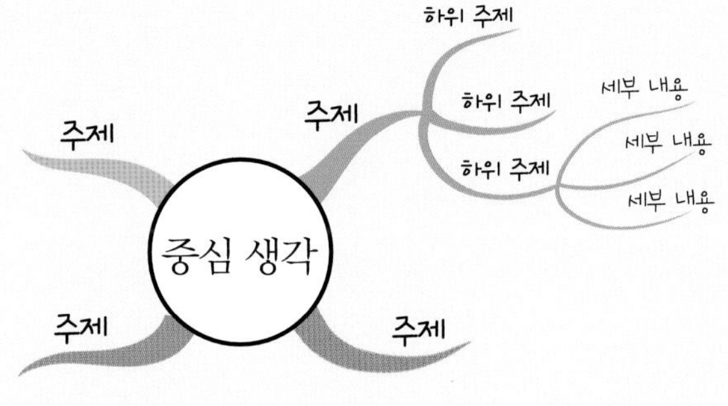

▲ 마인드맵을 그리는 기본적인 방법

그리고 마인드맵을 그릴 때 주제나 세부 내용과 관계된 도식이나 이미지를 첨부한다면 좀 더 풍부하고 재미있게 마인드맵을 꾸밀 수 있고 나중에 내용을 파악하는데도 많은 도움이 됩니다.

마인드맵의 가장 큰 장점은 세부적인 내용을 효과적으로 정리할 수 있는 것도 있지만 무엇보다도 전체적인 줄기를 파악할 수 있다는 것과 많은 내용 중 핵심적인 내용만 축약하여 한눈에 볼 수 있다는 것입니다.

이와 같은 장점은 앞에서도 언급했듯이 책의 내용을 분석하고 정리하는 데 매우 효과적입니다. 책에는 전달하고자 하는 주제가 있고, 이야기나 사건이 있으며, 그런 이야기나 사건을 구성하는 인물이나 배경, 그리고 다양한 정보들이 글의 구조와 인과 관계에 따라 촘촘히 배치되어 있습니다. 이렇게 많은 내용들을 종이 한 장에 정리해야 한다고 할 때 무엇을 어떻게 시작해야 할지 막막할 것입니다. 그러나 마인드맵을 그릴 수 있다면 짧은 시간 안에 핵심적인 내용들을 어렵지 않게 정리할 수 있습니다. 아래의 그림은 흥부와 놀부 이야기를 간단하게 마인드맵으로 정리해 본 것입니다. 글의 갈래마다 글의 내용을 파악하기 위한 기본적인 주제들이 있으므로 어떻게 주제를 잡아야 할지 모르겠다면 기본 주제들을 가지고 가지로 연결하면 누구나 쉽게 마인드맵을 그릴 수 있습니다.

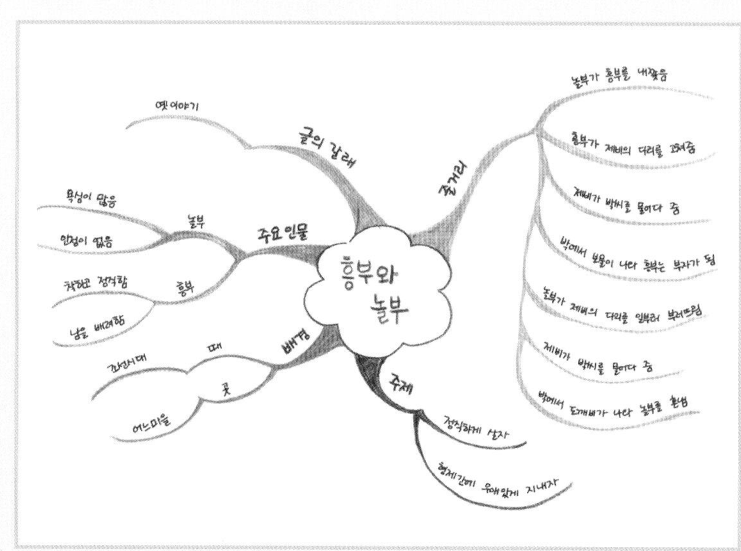

▲ 간단한 독서 마인드맵의 예

공습국어 초등독해는 마인드맵을 통한 독해 훈련 워크북이라고 불릴 수 있을 만큼 글감의 짜임과 내용을 파악하는 방법으로 마인드맵을 적극적으로 활용하고 있습니다. 이 교재를 마칠 때쯤이면 어떤 책을 보던지 빈 종이에 책의 내용을 마인드맵으로 쉽고 정확하게 정리해 낼 수 있을 것입니다.

교재 구성 한눈에 보기

제시문

'꼼꼼히 집중하여 읽기'의 가장 첫 번째 활동은 바로 오늘 읽어야 할 글을 읽는 것입니다. 제시문은 이야기 글, 전래 동요, 극본 등 정서를 표현하는 글과 설명하는 글, 광고하는 글 등의 정보를 전달하는 글, 주장하는 글, 부탁(제안)하는 글 등의 설득하는 글로 이루어져 있으며 소재 및 주제 또한 다양하게 구성되어 있습니다.

오늘 읽어 볼 제시문의 갈래가 표시되어 있습니다.

해당 단원을 푸는 데 걸린 시간을 적습니다.

정서를 표현하는 글, 정보를 전달하는 글, 설득하는 글을 세분화하여 다양한 갈래의 글로 구성되어 있습니다.

01 꼼꼼히 집중하여 읽기

글의 갈래 : 견학 기록문
걸린 시간 : 분 초

오늘 읽어 볼 글입니다. 차근차근 잘 읽고, 문제를 풀어 보세요.

사회 시간에 중남미 지역에 번성했던 마야 문명과 잉카 문명에 대하여 공부하였다. 처음 알게 된 내용이라 더 자세히 알고 싶어서 지난 토요일, 부모님과 함께 고양시에 있는 중남미문화원의 박물관을 찾았다.

박물관에 들어서자 잔잔한 라틴 음악이 흘러나왔고, 중앙 홀 가운데에는 스페인 양식의 돌로 만들어진 분수대가 보였다. 홀을 둘러 가면서 벽에는 성화와 성물들 그리고 조각품들이 있었다. 또 천장에는 나무로 조각한 금빛 태양상이 있었다.

박물관에는 네 개의 전시실이 있었는데, 제1전시실인 토기실에는 중남미 지역의 토기들이 전시되어 있었다. 토기실에서 가장 인상적인 것은 '다산의 여신'으로 21명의 아이들이 몸에 달라붙어 있고, 머리에 물고기를 쓰고 있었다.

제2전시실인 석기, 목기실에는 사람 모양을 한 도끼, 방망이 등 석기와 목기가 전시되어 있었다. 날개가 달린 뱀의 형상을 한 '껫살꼬아뜰' 석조물은 당시 인디오들의 영혼과 물질을 혼합한 신비의 상징이라고 한다.

제3전시실인 가면실에는 축제나 종교 행사 때 사용하던 다양한 가면들이 벽면을 가득 메우고 있었다. 특히 죽은 자는 말이 없기 때문에 입을 만들지 않았다는 '죽은 자의 가면'과 청년, 노인 그리고 죽음 등 인생 과정을 담은 '삼겹 가면'이 인상적이었다.

제4전시실인 생활 공예실에는 중남미 사람들이 사용하던 농기구와 다리미, 가구, 재봉틀과 같은 생활용품들과 악기들이 전시되어 있었다.

돌아오는 차 안에서 중남미문화원에서 가져온 안내 책자를 읽으며, 앞으로 다른 문화에 대해서 조금 더 관심을 가져야겠다고 다짐했다.

17

공습국어 초등독해는 모두 30회 과정으로 구성되어 있습니다. 꼼꼼히 집중하여 읽기는 각 회별로 다양한 갈래 폭넓은 주제를 다룬 제시문과 앞에서 읽은 글의 내용을 마인드맵으로 그리며 정리하는 '글밥지도 그리기', 사실적 이해력과 비판적 이해력, 그리고 추론 능력을 향상시킬 수 있는 '끄덕끄덕 공감하기', '요목조목 따져보기'로 구성되어 있습니다.

글밥지도 그리기

앞에서 읽은 글의 내용 및 구조를 마인드맵으로 그려 보는 꼭지입니다. 핵심적인 단어와 문장을 정리해 본 다음, 글의 짜임, 문단, 순서, 구성을 살펴보고 글과 어울리는 제목을 찾아볼 수 있도록 구성되어 있습니다.

주제 찾기
글의 중심 소재나 주제, 인물 등을 보기에서 찾아봅니다. 주제 상자에는 주제를 찾는 데 힌트가 되는 이미지가 삽입되어 있어 보다 쉽게 문제를 해결할 수 있습니다.

글밥지도 채우기
글의 내용 중 핵심적인 단어나 문장을 보기에서 찾아봅니다.

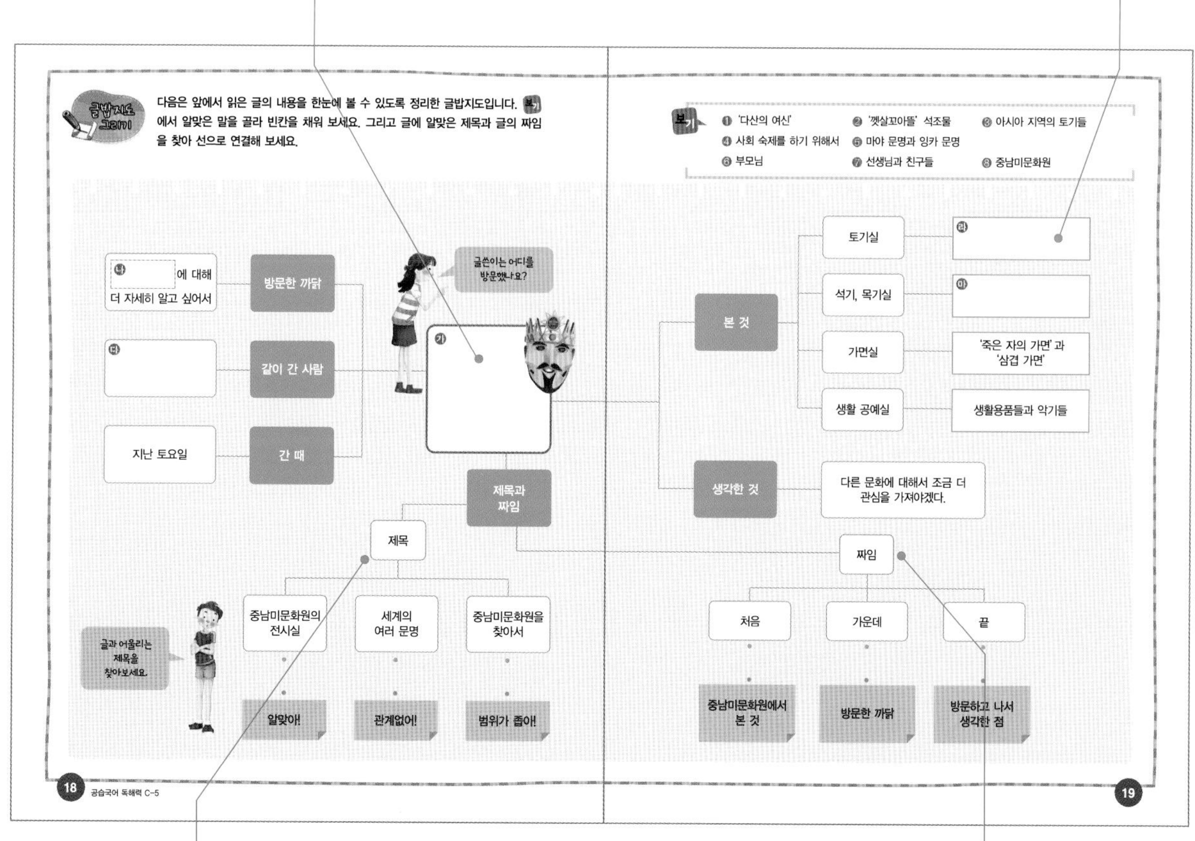

제목 찾기
글에 가장 알맞은 어울리는 제목을 찾아 선으로 연결해 봅니다. 글의 제목은 글쓴이의 중심 생각이 들어 있는 핵심적인 내용이므로 글과 제목 후보와의 관계에 대해 고민하는 사이에 사고력과 글의 핵심을 찾아내는 감각을 동시에 기를 수 있습니다.

구성 파악하기
글의 짜임과 구성, 사건의 순서, 문단과 문단의 관계 및 문단의 내용을 정리해 선으로 연결해 봅니다. 이 과정을 통해 글의 흐름이나 구성을 한눈에 파악할 수 있습니다.

끄덕끄덕 공감하기, 요목조목 따져보기

제시문을 읽고 글밥지도를 그리며 파악한 글의 내용과 주제에 대해 다시 한번 생각하고 정리해 봅니다. 제시문의 갈래가 정서를 표현하는 글일 경우에는 '끄덕끄덕 공감하기', 논리적인 글일 경우에는 '요목조목 따져보기' 꼭지를 활동해 봅니다.

끄덕끄덕 공감하기

1 다음은 이야기의 중요한 장면입니다. 각각의 장면에서 양의 마음은 어땠을까요? 보기 에서 골라 답해 보세요.

① ②

보기: 당황스럽다. 고맙다. 신 난다. 원망스럽다.

2 다음은 앞의 글을 읽은 친구들의 대화입니다. 가장 타당하지 못한 의견을 내고 있는 친구는 누구인가요?

① 늑대도 나쁘지만, 이 모든 일을 계획한 여우가 더 나쁘다고 생각해.

② 과자를 받아먹고, 거짓 증언을 한 원숭이도 늑대 못지않게 나빠.

③ 거짓 증언을 한 원숭이의 말만 믿은 사자도 재판관으로서 자질이 충분하지 않다고 생각해.

④ 양과 같은 억울한 일을 겪지 않으려면 무조건 힘이 세어야 해.

32 공습국어 독해력 C-5

'끄덕끄덕 공감하기' 꼭지의 첫 번째 문항에서는 등장인물의 생각이나 느낌을 정리하거나, 그것에 대한 나의 의견이나 비슷한 경험에 대해 짧게 적습니다. 등장인물에 대해 공감하고, 이해한 다음 이것을 바탕 나의 생각 및 태도와 연결 지어 보며 공감적 이해력 및 창의력을 기를 수 있습니다.

끄덕끄덕 공감하기와 요목조목 따져보기 꼭지의 두 번째 문항은 모두 글을 읽고 바른 의견 또는 바르지 못한 의견을 낸 친구를 찾아내는 사지선다형 활동입니다. 이를 통해 앞서 읽은 글의 내용을 정리하며 비판적 이해력과 추론적 이해력을 향상시킬 수 있습니다.

요목조목 따져보기

1 글 ㉮와 글 ㉯에서는 다음과 같은 주장을 제시하였습니다. 주장을 뒷받침할 수 있는 또 다른 근거로 바르지 않은 것을 골라 ∨표 해 보세요.

글 ㉮	주장	㉮ 텔레비전을 시청해도 좋다.	
	근거	① 다양한 텔레비전 프로그램을 통해 재미와 감동을 느낄 수 있다.	
		② 텔레비전 시청을 통해 스트레스를 해소할 수 있다.	
글 ㉯	주장	㉯ 텔레비전을 시청하는 것은 좋지 않다.	
	근거	③ 텔레비전에서 나오는 전파는 건강에 해롭다.	
		④ 여가 시간에 텔레비전을 시청하면 가족과의 대화가 늘어난다.	

2 다음은 앞의 글을 읽은 친구들의 대화입니다. 가장 타당한 의견을 내고 있는 친구는 누구인가요?

① 텔레비전 프로그램 가운데 유익한 것도 많으므로 가려서 본다면 텔레비전을 시청해도 괜찮다고 생각해.

② 텔레비전을 보면서 책도 함께 읽으면 더 유익할 거야.

③ 텔레비전을 보지 않으면 친구들과 의사소통이 잘 되지 않아 따돌림을 받을 수 있으므로 꼭 봐야 해.

④ 텔레비전 프로그램에 폭력적인 것이 많으므로 무조건 보지 말아야 해.

112 공습국어 독해력 C-6

'요목조목 따져보기' 꼭지의 첫 번째 문항에서는 앞에서 읽은 글의 구조와 내용을 확인하거나, 글쓴이의 주장과 근거를 따져 봅니다. 이를 통해 사실적 이해력을 넘어 비판적 사고력을 기를 수 있습니다.

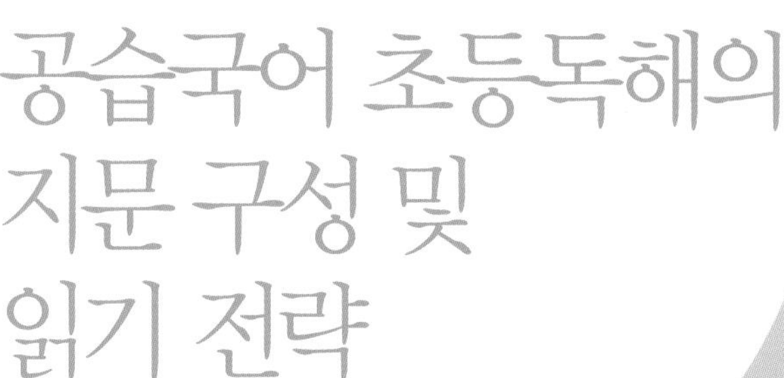

공습국어 초등독해의 지문 구성 및 읽기 전략

"공습국어 초등독해의 특징은 갈래별 글읽기입니다.
각 회에 수록된 제시문은 크게 정서를 표현하는 글과
논리적인 글로 나누어볼 수 있습니다.
공습국어 초등독해의 지문 구성과 이에 따른
갈래별 읽기 전략은 다음과 같습니다."

하나 공습국어 초등독해 지문 구성

공습국어 초등독해 지문은 크게 정서를 표현하는 글과 논리적인 글로 나누어 골고루 수록되어 있습니다. A단계의 경우 두 갈래의 비중이 같고, C단계의 경우 논리적인 글의 수가 더 많습니다.

정서를 표현하는 글				
이야기 글	읽기 · 편지	감상문	기행문	동요 · 동시 · 시조

논리적인 글				
설득하는 글		정보를 전달하는 글		
주장(설득)하는 글	부탁(제안)하는 글	설명하는 글	보고하는 글	광고하는 글

둘 갈래별 읽기 전략

공습국어 초등독해에서는 초등교육과정을 바탕으로 다음과 같이 갈래별 읽기 전략을 제시하고 활동을 구성하였습니다.

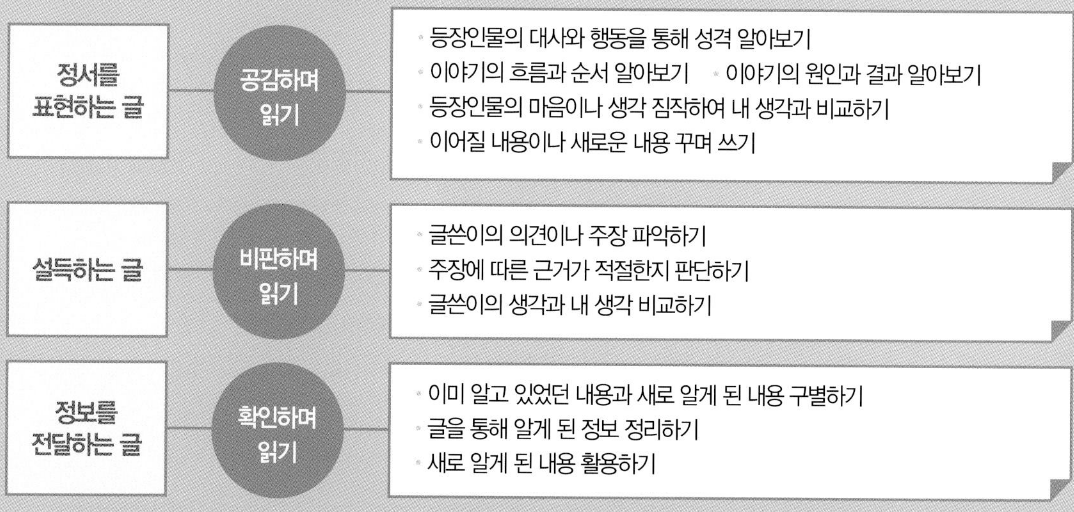

공습 국어

초등 독해

글밥지도 그리기는 이렇게 풀어요!

❶ 글밥지도를 그리기 전, 지시문을 꼼꼼하게 살펴보세요. 빈칸을 채워넣는 활동은 매회 반복되지만 제목과 글의 구조, 글의 흐름을 파악하는 활동은 회마다 조금씩 차이가 있기 때문에 지시문을 잘 살펴 보아야 합니다.

❷ 지시문을 이해한 다음엔 글밥지도의 중심이 될 단어를 찾습니다. 주제 상자 옆이나 위에 놓인 지시문을 잘 읽고 정답을 보기에서 찾아 써 봅니다. 이야기의 등장인물, 글의 중심 소재 및 주제, 시의 화자나 지은이가 주로 글밥지도의 중심에 놓이게 됩니다. 이때 주제 상자에 그려진 이미지가 정답의 힌트가 되니 참고하세요.

❹ 글밥지도의 모든 빈칸을 채웠다면, 다음으로 글에 어울리는 제목을 찾아 선으로 연결해 봅니다.

글밥지도 그리기

다음은 앞에서 읽은 글의 내용을 한눈에 볼 수 있도록 정리한 글밥지도입니다. 보기에서 알맞은 말을 골라 빈칸을 채워 보세요. 그리고 글에 알맞은 제목과 글의 짜임을 찾아 선으로 연결해 보세요.

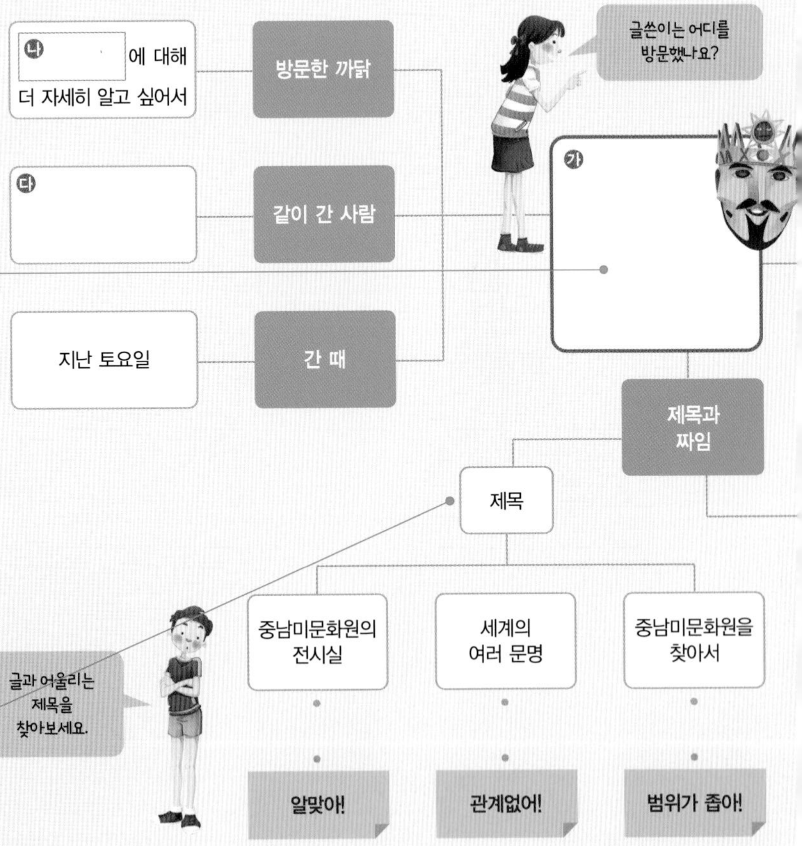

글쓴이는 어디를 방문했나요?

㉮

방문한 까닭: ㉯ ( ) 에 대해 더 자세히 알고 싶어서

같이 간 사람: ㉰ ( )

간 때: 지난 토요일

제목과 짜임

제목

- 중남미문화원의 전시실
- 세계의 여러 문명
- 중남미문화원을 찾아서

글과 어울리는 제목을 찾아보세요.

- 알맞아!
- 관계없어!
- 범위가 좁아!

'글밥지도 그리기'는 오늘 읽은 제시문을 마인드맵 형식의 글밥지도로 표현해 보는 활동입니다. 가장 핵심적이었던 단어, 인물을 주제로 삼아 마인드맵의 형식으로 글의 내용을 체계적으로 정리해 본 다음, 글의 제목과 짜임에 대해 생각해 봅니다. 글밥지도에는 제시문에서 다루어진 중요한 내용을 확인하는 4~8개의 빈칸과 제목 찾기, 문단 내용 찾기 등 1~2가지의 선 긋기 활동이 있습니다.

보기

❶ '다산의 여신' ❷ '껫살꼬아뜰' 석조물 ❸ 아시아 지역의 토기들
❹ 사회 숙제를 하기 위해서 ❺ 마야 문명과 잉카 문명
❻ 부모님 ❼ 선생님과 친구들 ❽ 중남미문화원

- 본 것
  - 토기실 — ㉑
  - 석기, 목기실 — ㉒
  - 가면실 — '죽은 자의 가면'과 '삼겹 가면'
  - 생활 공예실 — 생활용품들과 악기들
- 생각한 것
  - 다른 문화에 대해서 조금 더 관심을 가져야겠다.

짜임

처음	가운데	끝
중남미문화원에서 본 것	방문한 까닭	방문하고 나서 생각한 점

❸ 글밥지도의 중심 단어를 찾았다면, 다음으로 글의 주요 내용들을 살펴봅니다. 글의 내용을 정리한 글밥지도의 가지에 놓인 ㉯~㉳의 빈칸을 보기에서 알맞은 단어를 골라 채웁니다. 이때 반드시 ㉯~㉳의 순서대로 빈칸을 채워야 하며, 될 수 있으면 번호와 단어 또는 문장을 모두 적는 것이 좋습니다. 정답 상자의 공간이 부족하다면 번호만 적도록 합니다. 빈칸에 들어갈 말이 헛갈릴 경우에는 같은 가지에 놓인 다른 단어나 문장을 참고하면 보다 쉽게 해결할 수 있습니다.

❺ 글의 흐름이나, 구성, 글의 짜임을 확인하여 선으로 연결해 봅니다.
문학적인 글에서는 사건의 순서와 발단–전개 – (위기) – 절정 – 결말의 이야기의 구성을 주로 살펴보고, 논리적인 글에서는 처음 – 가운데 – 끝의 글의 구조나 문단의 내용을 주로 따져봅니다. 필요하다면 제시문을 다시 한번 읽어보며 풀이해도 좋습니다.

끄덕끄덕 공감하기, 요목조목 따져보기는 이렇게 풀어요!

끄덕끄덕 공감하기 활동 보기

끄덕끄덕 공감하기

1 다음은 이야기의 중요한 장면입니다. 각각의 장면에서 양의 마음은 어땠을까요? 보기에서 골라 답해 보세요.

이봐, 양! 빌려 간 내 돈 갚아야지.

양아, 어서 돈을 갚아.

① ②

보기: 당황스럽다. 고맙다. 신 난다. 원망스럽다.

등장인물 (또는 글쓴이)의 마음이나 느낌을 파악하는 활동입니다. 보기에서 알맞은 단어를 골라 쓰거나, 체크박스에 ∨표 합니다.

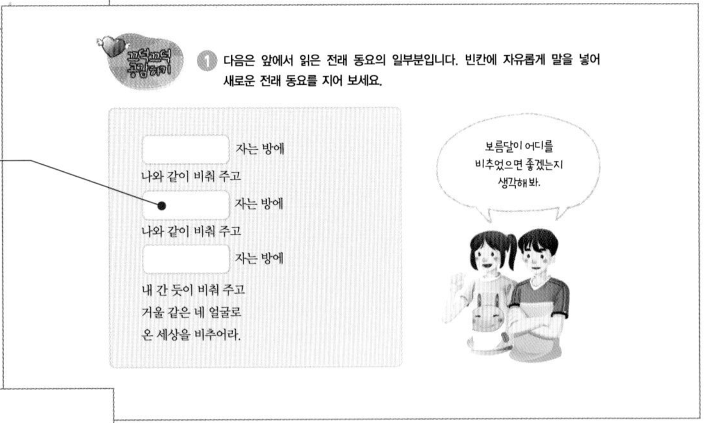

끄덕끄덕 공감하기

1 다음은 앞에서 읽은 전래 동요의 일부분입니다. 빈칸에 자유롭게 말을 넣어 새로운 전래 동요를 지어 보세요.

(　　) 자는 방에
나와 같이 비춰 주고
(　　) 자는 방에
나와 같이 비춰 주고
(　　) 자는 방에
내 간 듯이 비춰 주고
거울 같은 네 얼굴로
온 세상을 비추어라.

보름달이 어디를 비추었으면 좋겠는지 생각해 봐.

제시문에서 살펴본 전래 동요와 동시 등을 새롭게 창작해 봅니다. 보기를 이용한 활동이지만 정답이 없으므로 어린이 스스로 다양한 표현을 사용해 보는 것도 좋습니다.

끄덕끄덕 공감하기

1 다음은 까마귀가 여우의 말에 속아 손해를 본 것과 비슷한 경험을 이야기하고 있는 친구들의 대화입니다. 가장 바르게 말한 친구는 누구인가요?

동환: 저지방 저칼로리 식품이라는 말에 속아 빵을 잔뜩 산 경험이 있어.

재국: 잘 어울린다는 점원의 말에 옷을 충동구매하고 후회한 적이 있어.

세현: 미리미리 준비를 하지 않았다가 어머니께 꾸중을 들은 경험이 있어.

등장인물 (또는 글쓴이)의 생각과 느낌, 경험을 알아보고, 자신의 생각과 경험을 간단히 써 봅니다.

공습 국어

초등 독해

정서를 표현하는 글에 해당하는 제시문을 읽은 다음에는 '끄덕끄덕 공감하기' 꼭지를, 논리적인 글에 해당하는 제시문을 읽은 다음에는 '요목조목 따져보기'꼭지를 공부합니다. 앞의 두 꼭지는 각각 2가지 활동으로 구성되어 있습니다. '끄덕끄덕 공감하기'의 경우 등장인물들의 성격이나 느낌 파악하기, 등장인물의 입장이 되어 생각해 보기, 새롭게 창작하기 등의 활동이 주를 이루며, '요목조목 따져보기'의 경우 글의 구조 정리하기, 요약하기, 글쓴이의 주장과 근거 따져보기, 글을 통해 알게 된 정보 활용하기 등의 활동으로 구성되어 있습니다.

요목조목 따져보기 활동 보기

주장하는 글을 읽은 후, 글쓴이가 제기한 문제 상황과 주장 그리고 알맞은 근거를 정리해 보는 활동입니다. 주장을 뒷받침하는 또는 뒷받침하지 못하는 근거를 찾아 체크박스에 ○표 또는 ∨표를 합니다.

요목조목 따져보기

1 글 ㉮와 글 ㉯에서는 다음과 같은 주장을 제시하였습니다. 주장을 뒷받침할 수 있는 또 다른 근거로 바르지 않은 것을 골라 ∨표 해 보세요.

글 ㉮	주장	㉮ 텔레비전을 시청해도 좋다.	
	근거	① 다양한 텔레비전 프로그램을 통해 재미와 감동을 느낄 수 있다.	□
		② 텔레비전 시청을 통해 스트레스를 해소할 수 있다.	□
글 ㉯	주장	㉯ 텔레비전을 시청하는 것은 좋지 않다.	
	근거	③ 텔레비전에서 나오는 전파는 건강에 해롭다.	□
		④ 여가 시간에 텔레비전을 시청하면 가족과의 대화가 늘어난다.	□

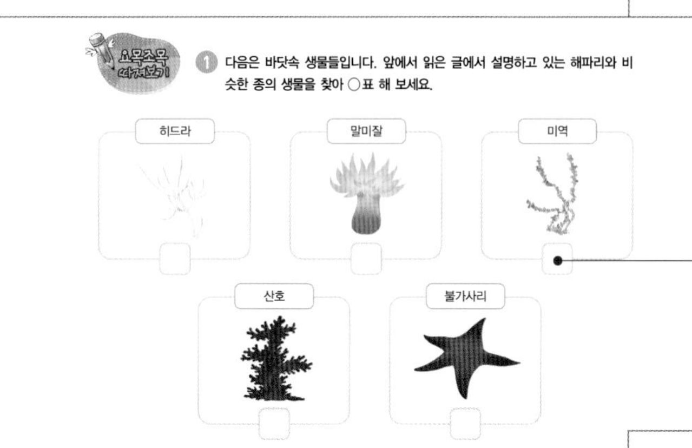

설명하는 글이나 소개하는 글을 읽은 다음 글에 담긴 정보를 확인합니다. 글에서 다루고 있는 정보들을 정리하고 자신이 알고 있었던 정보와 몰랐던 정보를 정리할 수 있습니다. 지시문에 따라 ○표 또는 ∨표 합니다.

공통 활동 보기

제시문을 바르게 이해한 사람 또는 바르지 않게 이해한 사람을 고르는 활동입니다. 사실적 이해력, 비판적 이해력을 측정할 수 있으며 보기를 읽어 본 후 지시문에 따라 정답 번호를 적습니다.

2 다음은 앞의 글을 읽은 친구들의 대화입니다. 가장 타당하지 못한 의견을 내고 있는 친구는 누구인가요?

꾸준함이 독해력을 키우는
가장 좋은 방법입니다!

공습국어 초등독해의 활용

하나 처음 일주일 정도는 아이와 함께 하세요

공습국어 초등독해의 코너 구성과 문제 유형을 아이가 이해할 수 있도록 일주일 정도는 아이와 함께 문제를 풀어보세요. 각각의 문제 유형을 설명해주고, 채점을 통해 아이에게 미진한 부분이 있으면 다시 설명해주면서 아이가 혼자서도 충분히 문제를 해결할 수 있도록 도와주세요.

둘 꾸준히 학습할 수 있는 환경을 만들어주세요

매일 1회분씩 학습 진도를 나가는 것이 가장 이상적이긴 하지만 현실적으로 불가능한 경우가 많습니다. 따라서 매일이 아니더라도 꾸준히 교재를 볼 수 있도록 학습 스케줄을 잡아 주세요. 이때 부모님이 일방적으로 결정하지 마시고 아이와 충분히 상의하여 가능한 아이의 의견이 반영되도록 해주세요. 그래야만이 학습 과정에 대한 아이의 주체적 참여를 유도할 수 있습니다.

셋 1권부터 순서대로 학습할 수 있도록 해 주세요

공습국어 초등독해 심화 단계는 문제 유형이나 내용이 기본 단계에 비해 다소 복잡하거나 어렵습니다. 따라서 독해력 학습을 처음 시작하는 경우라면 기본 단계부터 순서대로 교재를 보는 것이 좋습니다. 물론 이전에 독해력 교재를 보았거나 국어 실력이 상위권이라면 심화 단계부터 시작해도 괜찮습니다.

넷 문제 풀이에 걸리는 적정한 시간은 10분 내외입니다

공습국어 초등독해 1회분에 해당하는 문제를 푸는 데 걸리는 시간은 대략 10분 정도면 충분합니다. 하지만 교재의 문제 유형이 익숙하지 않은 초반에는 이보다 시간이 더 걸릴 수도 있습니다. 따라서 일정 기간 동안은 문제 풀이 시간에 구애 받지 않고 아이가 편하게 문제를 풀면서 교재에 적응할 수 있도록 배려해 주세요.

차례
Contents

공습국어를 시작하며

이제 본격적인 독해력 공부를 시작하게 돼요.
크게 숨을 한 번 내쉬면서 마음을 가다듬어 보세요.
책을 끝까지 볼 수 있을까? 문제가 어렵지는 않을까? 하는 걱정이
들기도 하겠지만 막상 시작해보면 괜한 걱정이었다 싶을 거예요.
한 번에 밥을 많이 먹으면 탈이 날 수 있는 것처럼
하루에 1회씩만 꾸준히 풀어 보세요.
그러다 보면 어느새 독해력이 무럭무럭 자라나
있는 걸 볼 수 있을 거예요.
자 그럼 이제 출발해 볼까요?

01 꼼꼼히 집중하여 읽기

글의 갈래 | **주장하는 글**

걸린 시간 | 분 초

오늘 읽어 볼 글입니다. 차근차근 잘 읽고, 문제를 풀어 보세요.

요즘 어린이들은 옷이 자신에게 얼마나 잘 어울리는지, 스스로 만족하는지에 상관없이 값비싼 옷이나 유행에 따르는 옷을 선택하여 입는 경우가 많다.

어린이들은 다른 친구들이 좋아하는 값비싼 옷을 입어 자랑하려는 수단으로 삼거나 자신의 개성을 생각하지 않고, 무조건 유행을 좇아 옷을 입기도 한다. 또한 어린이들이 텔레비전 프로그램에서 접하는 연예인들이 입는 옷은 대게 화려하고 노출이 심한 경우가 많아 어린이들이 입기에 적당하지 않거나 불편하다.

어린이들은 소박한[1] 옷차림을 하는 것이 좋다. 값비싼 옷은 어린이가 직접 살 수 없기 때문에 결국 부모님에게 커다란 부담이 된다. 뿐만 아니라 경제적으로 어려워 값비싼 옷을 입을 수 없는 친구에게 위화감을 주기도 한다.

또한 어린이들은 단정하고 편안한 옷차림을 해야 한다. 유행을 좇는 옷을 입다 보면 활동에도 불편하고 학생이라는 신분에 어울리지 않아 다른 사람에게 불쾌함을 주기도 한다.

입는 사람의 몸과 마음이 편안한 옷이 좋은 옷이다. 즉 값비싼 옷, 연예인이 입는 옷보다 자신에게 가장 잘 어울리는 옷이 좋은 옷이다. 값비싼 옷이 아니라도 자신에게 어울리는 옷을 입으면 자신의 개성을 살릴 수 있고, 가장 멋지고 예쁘게 입을 수 있다. 그러므로 어린이에게 가장 잘 어울리는 소박한 옷차림과 단정하고 편안한 옷차림을 하자.

① **소박한** : 꾸밈이나 거짓이 없고 수수한

다음은 앞에서 읽은 글의 내용을 한눈에 볼 수 있도록 정리한 글밥지도입니다. 보기에서 알맞은 말을 골라 빈칸을 채워 보세요. 그리고 글에 알맞은 제목과 각 문단의 내용을 찾아 선으로 연결해 보세요.

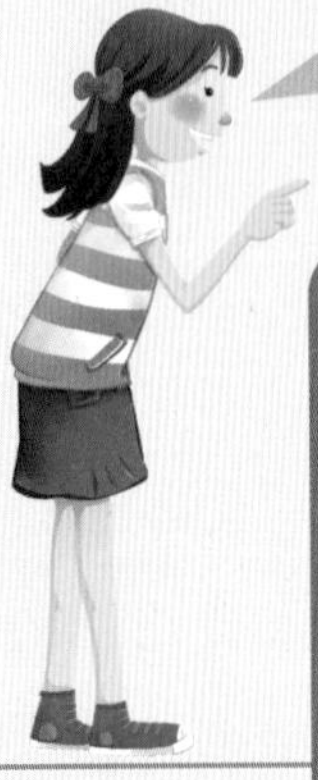

무엇에 대해 이야기하고 있나요?

가

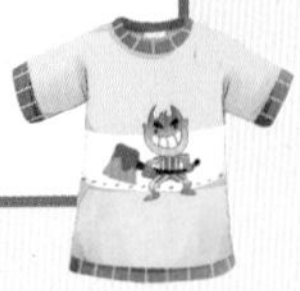

도입 - 어린이들의 옷 선택 기준

문제 제기
- 값비싼 옷 선호
- 나
  - 어린이들이 입기에 적당하지 않다.

제목과 문단

제목
- 옷의 역사 • • 알맞아!
- 바람직한 어린이들의 옷차림 • • 관계없어!
- 다양한 옷차림 • • 범위가 넓어!

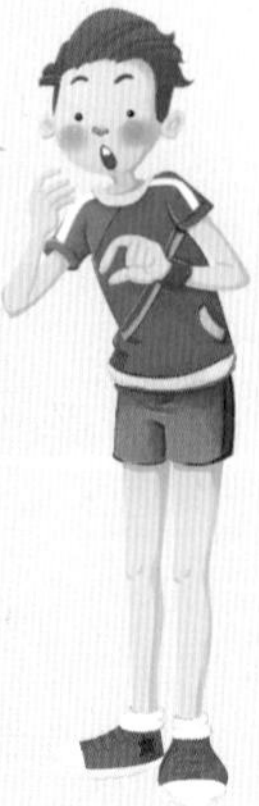

글과 어울리는 제목을 찾아보세요.

보기

❶ 해결 방안 ❷ 유행을 좇는 옷차림 ❸ 어린이들의 옷차림
❹ 유행 ❺ 품질 ❻ 소박한 옷차림
❼ 개성을 살리는 옷차림을 해야 한다. ❽ 단정하고

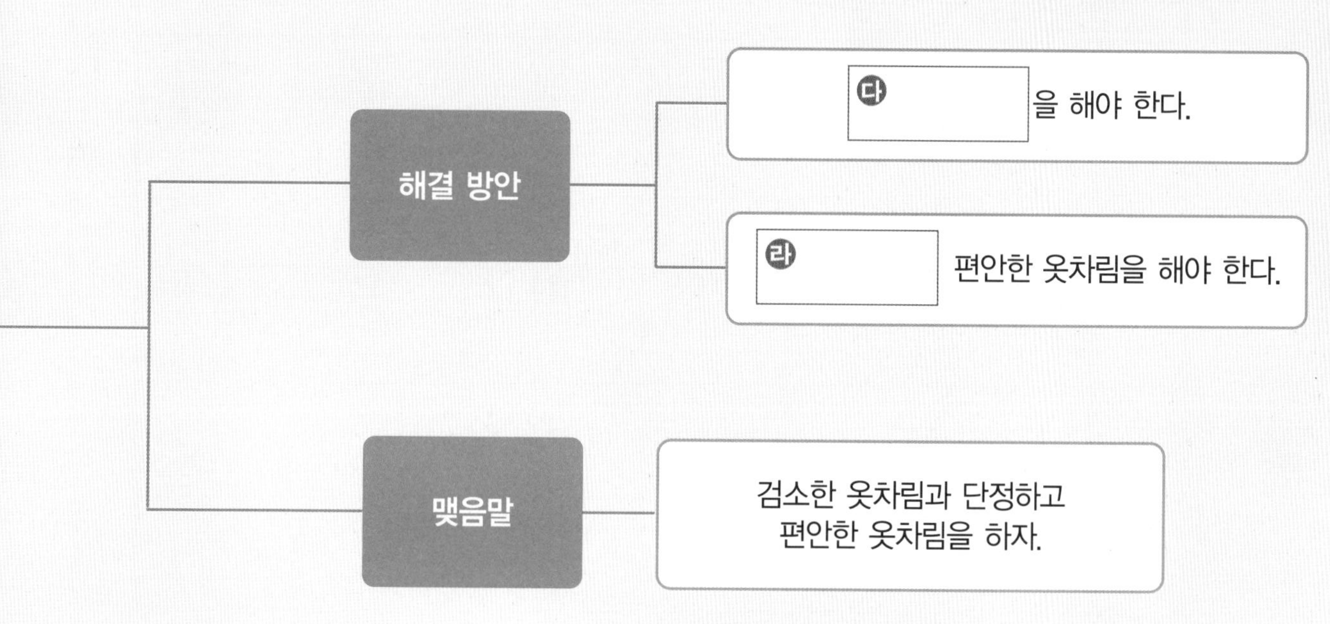

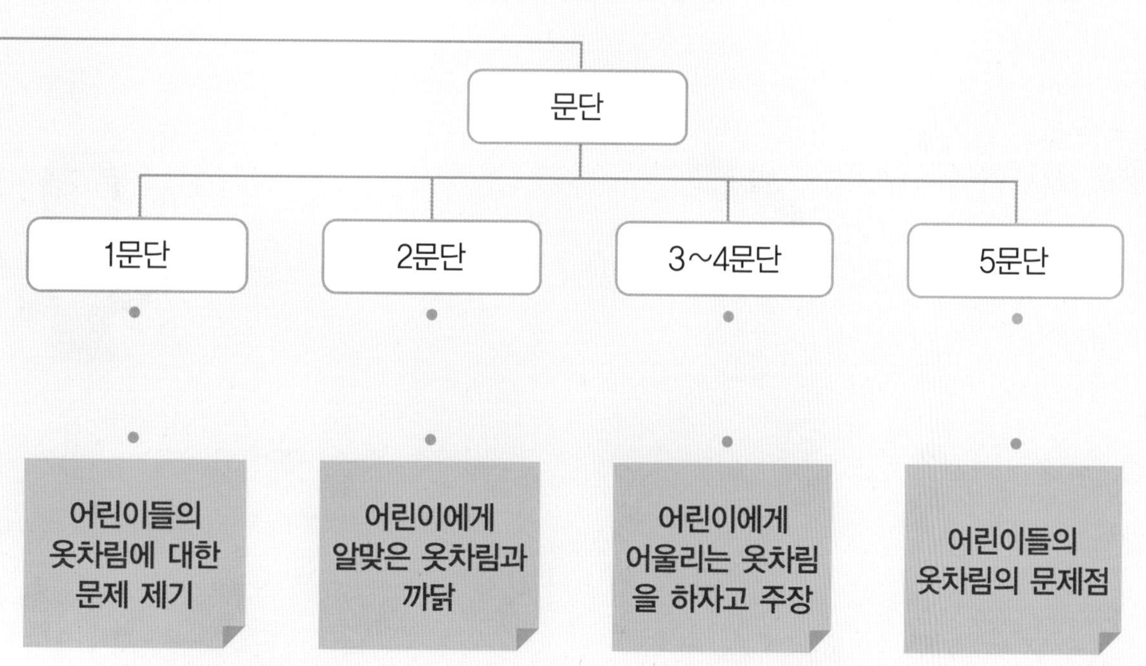

1 다음은 글쓴이가 제기한 문제와 주장을 정리한 것입니다. 글쓴이가 어떤 주장을 내세웠는지 적고, 그 주장을 뒷받침해 줄 수 있는 근거로 적절하지 않은 것을 골라 ∨표 해 보세요.

문제 제기	요즘 어린이들은 자신의 개성과 상관없이 값비싼 옷이나 유행에 따르는 옷을 선택하여 입는 경우가 많다.	
주장	가	
근거	① 값비싼 옷은 경제적으로 부담이 된다.	☐
	② 경제적으로 어려워 값비싼 옷을 살 수 없는 친구에게 위화감을 준다.	☐
	③ 유행을 좇는 옷을 입다 보면 활동하기에 편하다.	☐
	④ 학생이라는 신분에 어울리지 않아 다른 사람에게 불쾌감을 주기도 한다.	☐

2 다음은 앞의 글을 읽은 친구들의 대화입니다. 가장 타당한 의견을 내고 있는 친구는 누구인가요?

① 옷은 자기 마음대로 선택하여 입을 권리가 있어. 다른 사람이 불쾌하게 느껴도 상관없어.

② 친구들이 부러워하는 유명 상표의 옷을 선택하는 것은 당연한 거야.

③ 자신에게 어울리는 옷차림이 가장 좋은 옷차림이야.

④ 남들과 비슷한 옷차림을 하는 것은 개성을 무시하는 거야.

꼼꼼히 집중하여 읽기

글의 갈래 | 설명하는 글

걸린 시간 | 분 초

오늘 읽어 볼 글입니다. 차근차근 잘 읽고, 문제를 풀어 보세요.

세계 이곳저곳에서 기상 이변으로 인한 많은 피해가 발생하고 있다. 특히 최근 들어 우리나라에 일어난 한파[1]와 폭설 원인에 대해 북극 진동의 약화, 엘니뇨의 작용 그리고 지구 온난화 등 여러 가지 가설이 나오고 있다.

먼저, 북반구에 존재하는 추운 공기의 소용돌이인 북극 진동의 약화가 제트 기류에 변화를 가져와 한파를 일으켰다는 것이다. 즉, 북극권의 찬 공기가 북위도는 물론 우리나라가 있는 중위도 지역까지 내려오게 되었다는 것이다.

다음은 엘리뇨의 작용이다. 스페인 어로 '남자아이' 또는 '아기 예수'를 뜻하는 엘니뇨는 페루 및 에콰도르 서쪽 바다의 온도가 갑자기 높아지는 현상이다. 엘리뇨의 작용으로 따뜻하고 습기가 많은 공기가 만들어지고, 이 공기가 위로 올라오면서 북위도와 중위도 지역에 내려온 한랭 기단과 부딪혀 폭설을 내리게 할 수 있다.

또 다른 가설은 기상 이변이 지구 온난화와 밀접한[2] 관련이 있다는 것이다. 지구 온난화로 기온이 올라갈 때 대기 중의 수증기가 늘어나 폭우 및 폭설이 발생할 수 있다.

중요한 것은 이러한 원인들로 발생한 기상 이변으로 인해 거대한 태풍과 허리케인, 지진 등이 발생하거나 대홍수나 가뭄이 일어나 결국에는 생태계의 파괴를 가져온다는 것이다. 생태계가 파괴되면 먹이사슬이 끊어져 동식물의 생존은 물론 인류의 생존에도 위협을 가할 수 있다.

① **한파** : 겨울철에 기온이 갑자기 내려가는 현상

② **밀접한** : 아주 가깝게 맞닿아 있는

다음은 앞에서 읽은 글의 내용을 한눈에 볼 수 있도록 정리한 글밥지도입니다. 보기에서 알맞은 말을 골라 빈칸을 채워 보세요. 그리고 글에 알맞은 제목과 각 문단의 내용을 찾아 선으로 연결해 보세요.

무엇에 대한 글인가요?

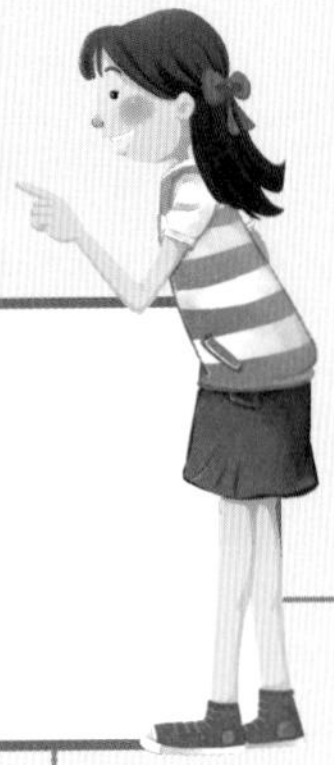

㉮ (   )

원인

- ㉯ (   ) — 북극권의 찬 공기가 중위도까지 내려옴
- 엘리뇨의 작용 — ㉰ (   )가 만들어짐
- 지구 온난화 — ㉱ (   )가 늘어남

제목과 문단

글과 어울리는 제목을 찾아보세요.

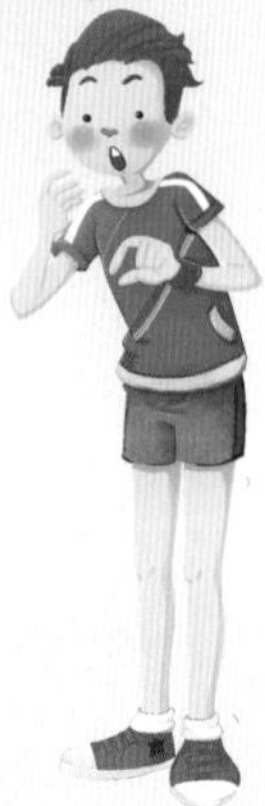

제목

지구촌에서 일어나는 현상들	기상 이변의 원인	지구 온난화
•	•	•
•	•	•
알맞아!	관계없어!	범위가 좁아!

보기

❶ 원인 ❷ 북극 진동의 약화 ❸ 습기가 많은 공기
❹ 생태계의 파괴 ❺ 기상 이변 ❻ 대기 중의 수증기
❼ 지진 ❽ 인류의 생존 위협

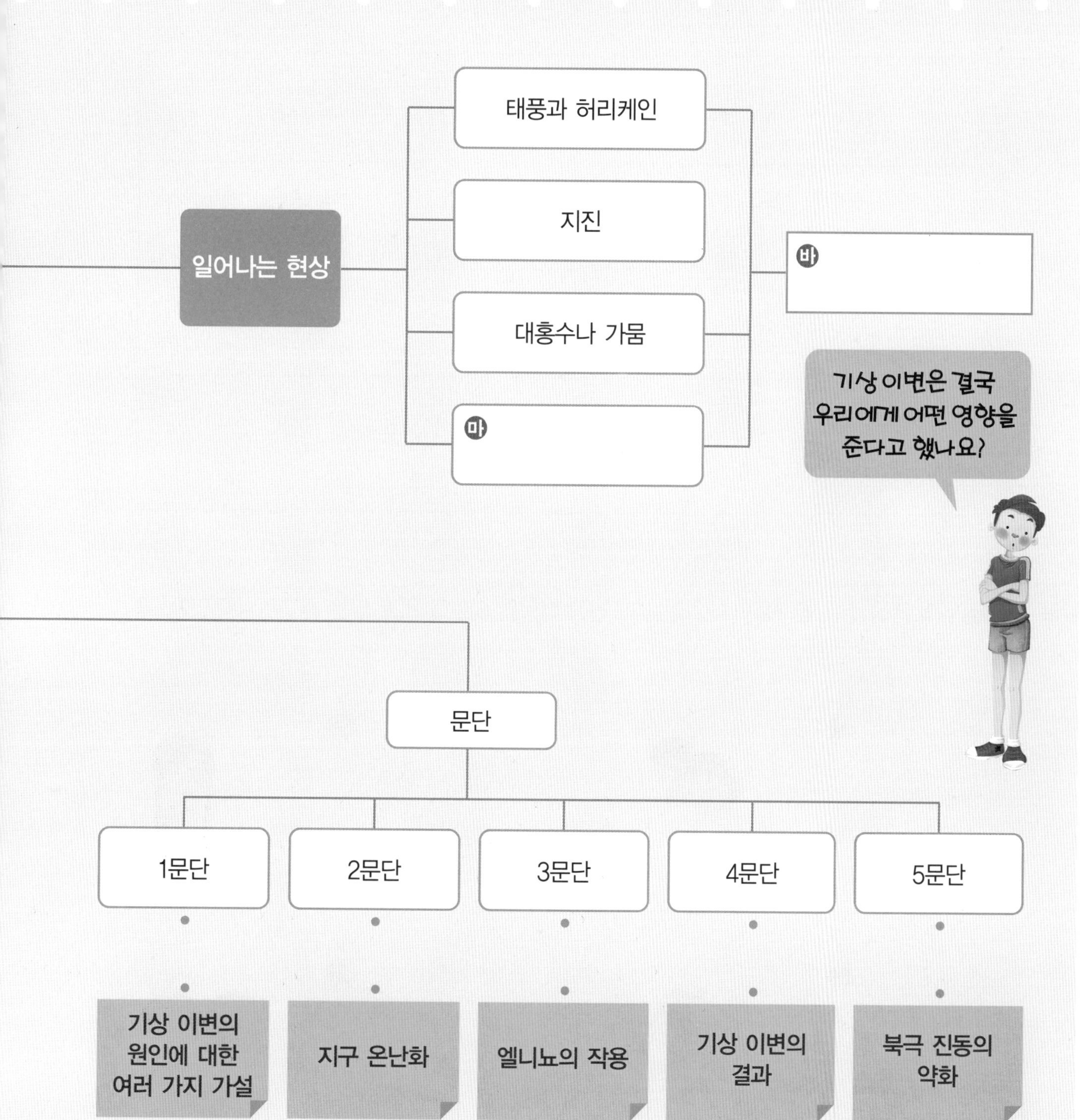

1 다음은 앞에서 읽은 글의 내용을 짜임에 따라 요약한 것입니다. 요약한 내용 중 바르지 않은 것을 찾아 ∨표 해 보세요.

처음	① 최근에 일어난 한파와 폭설의 원인에 대해 여러 가지 가설이 있다.	☐
가운데	② 북극 진동의 약화는 제트 기류에 변화를 가져와 한파를 초래했다.	☐
	③ 엘리뇨의 작용으로 따뜻하고 습기가 많은 공기가 만들어지고, 이 공기가 한랭 기단과 충돌하여 폭설을 내리게 한다.	☐
	④ 지구 온난화로 살기에 쾌적한 날씨가 계속되고 있다.	☐
끝	⑤ 기상 이변은 동식물의 생존은 물론 인류의 생존에도 위협을 가할 수 있다.	☐

2 다음은 앞의 글을 읽은 친구들의 대화입니다. 가장 타당한 의견을 내고 있는 친구는 누구인가요?

① 날씨는 나라마다 지역마다 다른 특징이 있구나.

② 세계 곳곳에서 일어나고 있는 기상 이변에 대한 원인은 엘리뇨 때문이야.

③ 기상 이변으로 인해 생태계가 파괴되어 결국에는 인류의 생존까지 위협할 수 있대.

④ 지구의 온난화는 기상 이변의 가장 큰 원인이야.

꼼꼼히 집중하여 읽기

글의 갈래 | **이야기 글**

걸린 시간 | 분 초

오늘 읽어 볼 글입니다. 차근차근 잘 읽고, 문제를 풀어 보세요.

옛날, 어느 마을에 어머니와 단둘이 사는 가난한 소녀가 있었습니다. 어느 날, 소녀는 배고픈 두꺼비를 만났습니다.

"여기 내 밥을 조금 나눠 줄게. 그리고 우리 집에 가서 살자."

이때부터 두꺼비와 소녀는 늘 함께 다니며 형제자매처럼 살았습니다. 그러나 얼마 지나지 않아 소녀와 두꺼비는 이별하게 되었습니다. 마을 뒷산 동굴에는 예부터 괴물이 살고 있었는데, 마을 사람들은 괴물을 두려워하여 해마다 소녀 한 명을 제물로 바쳐 왔습니다. 그런데 올해가 바로 소녀의 차례였던 것입니다.

"이제 너와도 헤어지겠구나. 내가 죽는 것은 억울하지 않지만, 어머니께서 혼자 살아가실 것을 생각하면 가슴이 아프단다. 두껍아, 내가 죽거든 우리 어머니를 돌보아 다오."

소녀는 눈물을 흘리며 말했습니다. 하지만 두꺼비는 소녀와 떨어지지 않으려는 듯 소녀의 저고리 속으로 파고들기만 했습니다. 소녀는 할 수 없이 두꺼비와 함께 동굴로 갔습니다. 겁에 질린 소녀는 두꺼비를 꼭 끌어안고 울었습니다.

드디어 어둠 속에서 거대한 괴물이 나타났습니다. 소녀는 크게 놀라 그만 정신을 잃고 쓰러지고 말았습니다. 그 때 두꺼비가 괴물에게 덤벼들었습니다. 마침내 두꺼비는 괴물을 물리쳤지만, 지친 두꺼비도 피투성이가 된 채 소녀 옆에서 죽고 말았습니다.

시간이 한참 지난 뒤, 눈을 뜬 소녀는 죽은 괴물과 두꺼비를 보게 되었습니다.

"두껍아, 네가 날 구했구나."

소녀는 눈물을 흘리며 양지 바른 곳에 두꺼비를 묻어 주었습니다.

다음은 앞에서 읽은 글의 내용을 한눈에 볼 수 있도록 정리한 글밥지도입니다. 보기 에서 알맞은 말을 골라 빈칸을 채워 보세요. 그리고 글에 알맞은 제목과 이야기의 구성을 찾아 선으로 연결해 보세요.

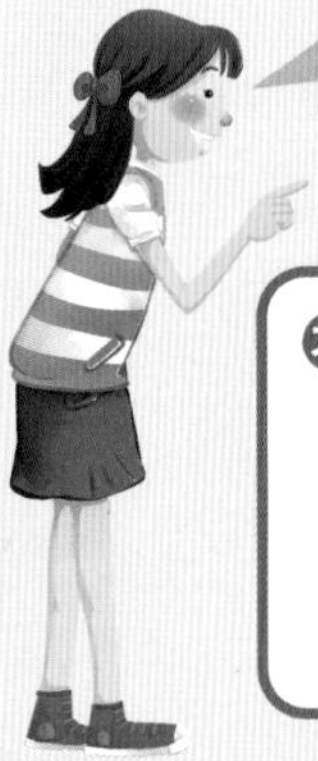

중심인물은 누구 누구인가요?

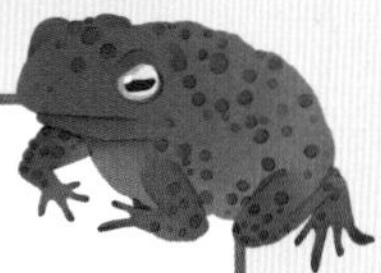

가

배경
- 곳 — 나
- 때 — 옛날

마을의 전통
- 괴물에게 사람을 다 로 바침

제목과 구성

제목

글과 어울리는 제목을 찾아보세요.

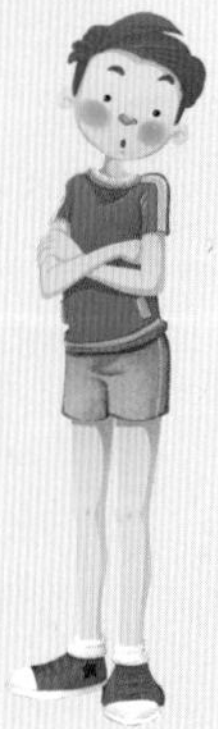

은혜 갚은 두꺼비	두꺼비와 괴물의 싸움	마을 사람들의 저항
알맞아!	관계없어!	범위가 좁아!

보기

❶ 소녀와 두꺼비 ❷ 착하고 인정이 많음 ❸ 은혜를 갚을 줄 앎
❹ 성격 ❺ 제물 ❻ 선물
❼ 어느 마을 ❽ 마을 사람들

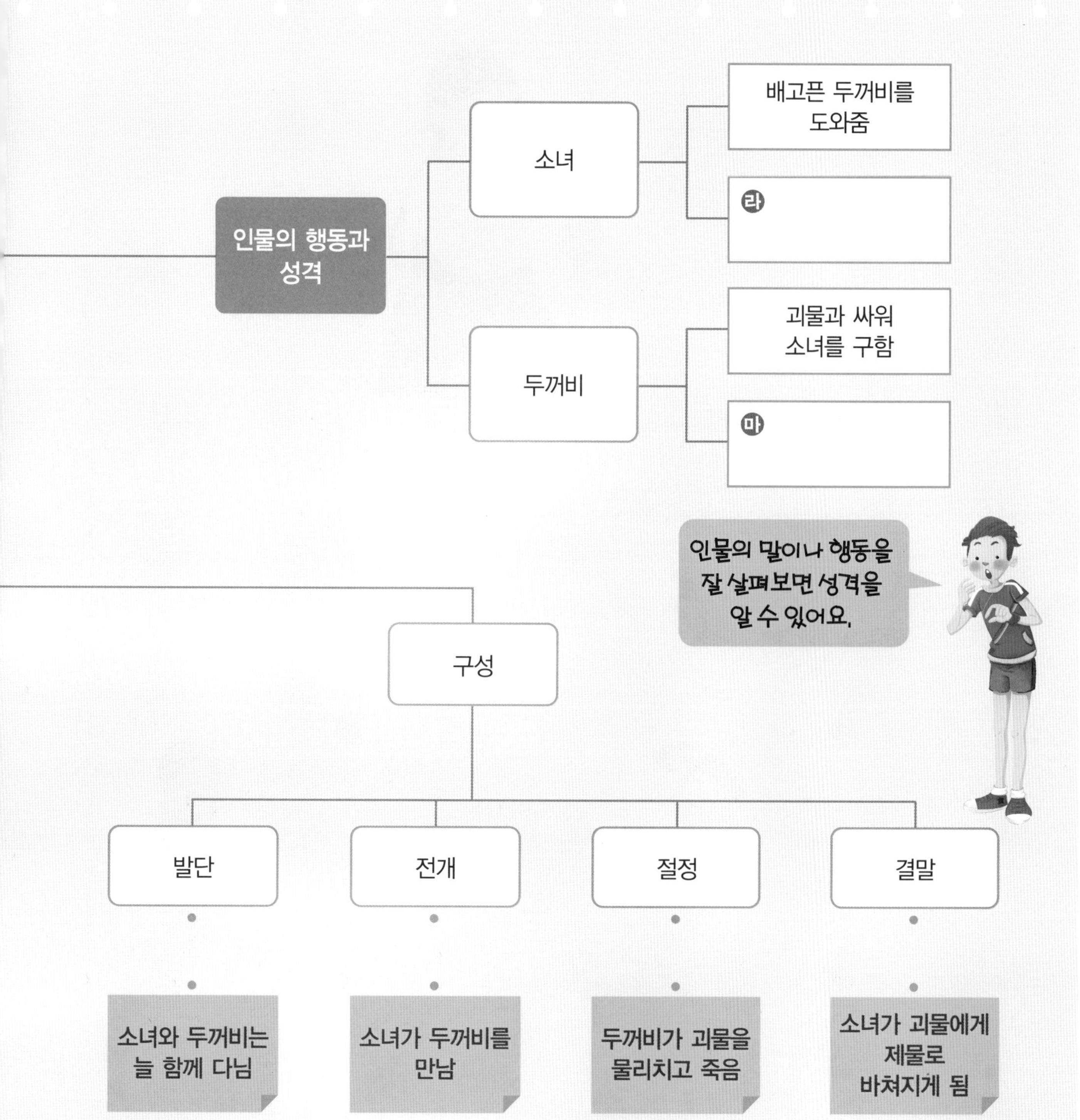

1 다음은 이야기의 중요한 장면입니다. 이 장면에서 소녀와 두꺼비의 마음으로 알맞지 않은 것을 골라 ∨표 해 보세요.

두렵다.	☐	슬프다.	☐	안타깝다.	☐	기대된다.	☐

2 다음은 앞의 글을 읽은 친구들의 대화입니다. 가장 타당한 의견을 내고 있는 친구는 누구인가요?

① 옛날 사람들은 모두 어리석었던 것 같아.

② 아무리 자신을 돌보아 준 은혜가 크더라도 목숨까지 바칠 필요는 없어.

③ 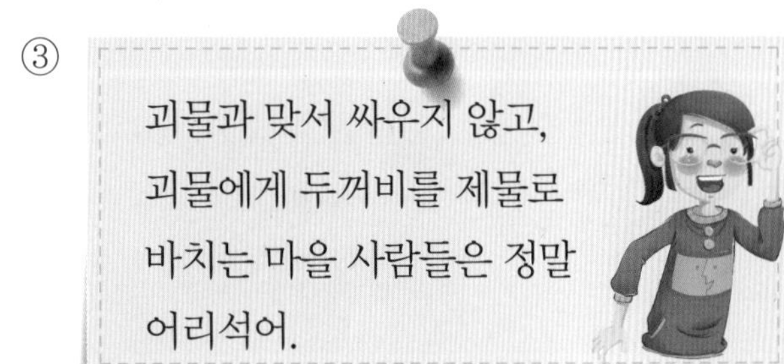
괴물과 맞서 싸우지 않고, 괴물에게 두꺼비를 제물로 바치는 마을 사람들은 정말 어리석어.

④ 두꺼비는 자신을 보살펴 준 소녀에게 은혜를 갚기 위해 목숨을 바친 거야.

꼼꼼히 집중하여 읽기

글의 갈래 | 설명하는 글

걸린 시간 | 분 초

오늘 읽어 볼 글입니다. 차근차근 잘 읽고, 문제를 풀어 보세요.

칠교놀이는 정사각형 모양의 나무판을 잘라 만든 일곱 가지 도형 조각을 맞추어 사람이나 동물, 숫자 같은 여러 가지 모양을 만드는 놀이예요. 이 놀이는 때와 장소에 상관없이 남녀노소 누구나 쉽게 즐겼어요. 놀이에 사용되는 조각은 가로와 세로 모두 10센티미터인 얇은 나무판을 잘라 만드는데, 대부분 피나무나 버드나무, 살구나무로 만들어요.

'칠교'라는 이름은 놀이할 때 사용하는 나무판이 일곱 가지 도형 조각으로 이루어진 것에서 유래했는데, 여러 가지 지혜를 짜내서 독창적인 모양을 만들어 내므로 '지혜판'이라고 부르기도 하고, 손님이 찾아왔을 때 주인을 기다리는 동안 하는 놀이라는 뜻으로 '유객판'이라고도 불렀어요.

칠교의 유래는 고대 중국의 전설에서 찾아볼 수 있어요. 중국의 어느 학자가 도기로 된 전[1]을 가장 귀중한 보물로 여기고 있었는데, 어느 날 그것을 땅에 떨어뜨리고 말았어요. 그 때 전이 일곱 가지 조각으로 쪼개졌고, 이 때부터 칠교놀이가 생겨났다고 전해지고 있어요. 우리나라 장서각에 소장된 오래된 책 가운데 칠교놀이의 방법을 담은 〈칠교해〉가 전해지는데, 이 책에는 총 300여 종의 칠교 모양이 담겨 있어 우리 조상들도 오래전부터 칠교놀이를 즐겨 왔음을 알 수 있어요.

칠교놀이는 다양한 모양을 만들어 보는 과정을 통해서 창의력과 사고력을 기를 수 있고, 정사각형, 삼각형, 평행사변형 등 다양한 도형의 특징에 대해서도 자연스럽게 배울 수 있어요.

[1] **전** : 흙을 구워 정사각형 또는 직사각형의 납작한 벽돌 모양으로 만든 건축 재료

다음은 앞에서 읽은 글의 내용을 한눈에 볼 수 있도록 정리한 글밥지도입니다. 보기에서 알맞은 말을 골라 빈칸을 채워 보세요. 그리고 글에 알맞은 제목과 문단의 내용을 찾아 선으로 연결해 보세요.

무엇에 대해 설명하고 있나요?

가 (빈칸)

뜻: 나 (빈칸)을 이용하여 모양을 만드는 놀이

다양한 이름:
- 다 (빈칸) — 독창적인 모양을 만들어 내므로
- 유객판 — 손님이 하던 놀이이므로

재료: 피나무, 버드나무, 살구나무

제목과 문단

제목

글과 어울리는 제목을 찾아보세요.

칠교놀이에 대하여	우리의 옛 놀이	창의성 기르기
•	•	•
•	•	•
알맞아!	관계없어!	범위가 넓어!

❶ 다섯 가지 도형 조각 ❷ 일곱 가지 도형 조각 ❸ 지혜판 ❹ 칠교놀이
❺ 우리나라의 전설 ❻ 고대 중국의 전설 ❼ 다양한 도형 학습 ❽ 300여 종

역사
- 유래 — ㉣
- 〈칠교해〉 — ㉤ (　　)에 달하는 칠교 모양이 담김

효과
- 창의력과 사고력 향상
- ㉥

문단
- 1문단 — 칠교놀이의 뜻과 재료
- 2문단 — 칠교의 역사
- 3문단 — 칠교의 다양한 이름
- 4문단 — 칠교놀이의 효과

1 다음은 칠교놀이에 대해 알게 된 점을 정리한 것입니다. 알맞지 않은 것을 골라 ∨표 해 보세요.

칠교놀이	
① 때와 장소에 상관없이 주로 남자들이 즐겨했다.	
② 대부분 피나무나 버드나무, 살구나무로 만든다.	
③ 〈칠교해〉라는 책을 통해 오래전부터 칠교놀이를 즐겨 왔음을 알 수 있다.	
④ 다양한 도형의 특징에 대해서도 자연스럽게 배울 수 있다.	
⑤ 놀이를 하면서 창의력과 사고력을 기를 수 있다.	

2 다음은 앞의 글을 읽은 친구들의 대화입니다. 가장 타당하지 못한 의견을 내고 있는 친구는 누구인가요?

① 일곱 가지의 도형 조각으로 다양한 모양을 만들 수 있다니 정말 흥미로운 놀이야.

② 일곱 가지 도형 조각으로만 모양을 만들다 보면 금세 지루해질 것 같아.

③ '지혜판'이라는 이름에서도 알 수 있듯이 창의력과 사고력을 기를 수 있는 좋은 놀이야.

④ 〈칠교해〉라는 책에 담긴 300여 종에 달하는 모양이 무엇인지 궁금해.

꼼꼼히 집중하여 읽기

글의 갈래	조사 기록문
걸린 시간	분 초

오늘 읽어 볼 글입니다. 차근차근 잘 읽고, 문제를 풀어 보세요.

우리 학교 총학생회에서는 학교 앞 구멍가게에서 불량 식품을 얼마나 판매하고 있는지 조사해 보았습니다. 총학생회 임원 5명은 조사에 앞서 관련 자료를 수집하였고, 5월 1일에 보건 선생님으로부터 조사 준비와 조사 방법에 대한 설명을 들었습니다. 5월 2일부터 4일까지 3일간 학교 앞 구멍가게를 돌아보며, 판매되는 제품의 종류와 원산지 등을 직접 조사하였습니다. 또한 학생들을 대상으로 설문지를 돌리기로 하였습니다.

조사한 제품은 사탕, 젤리, 초콜릿, 빵, 과자, 음료, 아이스크림 등 총 50여 가지였으며, 제품 뒷면에 쓰여 있는 식품 첨가물의 종류는 타르 색소의 일종인 청색 1호, 적색 2호, 황색 4호, 황산암모늄 등이었습니다. 또한 원산지는 중국산으로 표시되어 있거나, 원산지 표시가 되어 있지 않은 제품이 대부분이었습니다.

학생들을 대상으로 세 가지 문항의 설문지 조사를 실시하였는데, 조사 결과는 다음과 같았습니다. '불량 식품을 사 먹는 곳은 주로 어디인가?'라는 물음에는 70퍼센트가 학교 앞 구멍가게라고 대답하였고, '불량 식품을 사 먹는 까닭은 무엇인가?'라는 물음에는 '달고 맛있어서'가 50퍼센트, '값이 싸서'가 30퍼센트, '색깔이 화려하고 예뻐서'가 20퍼센트를 차지하였습니다. '불량 식품을 얼마나 자주 사 먹는가?'라는 물음에는 '매일 사 먹는다.'가 50퍼센트, '2~3일에 한 번씩 사 먹는다.'가 30퍼센트, '가끔 사 먹는다.'가 20퍼센트를 차지하였습니다.

조사 결과를 통해 학생들은 불량 식품에 그대로 노출되어 있으며, 학생들 또한 불량 식품을 먹는 데 아무런 거리낌도 없다는 것이 드러났습니다. 어른들과 학생들이 함께 노력하여 더 이상 학교 앞이 불량 식품의 천국이 되지 않도록 해야 할 것입니다.

글밥지도 그리기

다음은 앞에서 읽은 글의 내용을 한눈에 볼 수 있도록 정리한 글밥지도입니다. 보기에서 알맞은 말을 골라 빈칸을 채워 보세요. 그리고 알맞은 글의 짜임을 찾아 선으로 연결해 보세요.

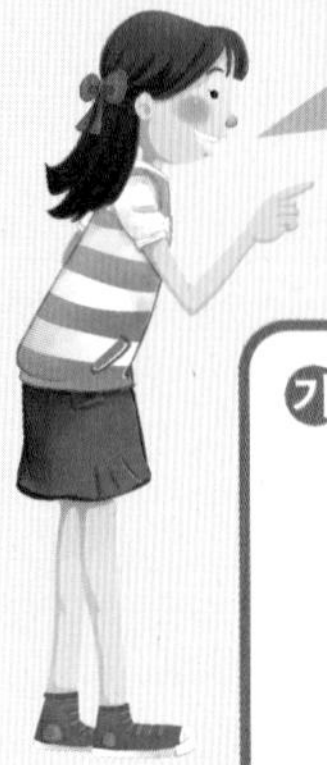

무엇에 대해 조사했나요?

가 (   )

조사한 목적: 나 (   ) 에서의 불량 식품 판매 실태를 조사하려고

조사 기간: 5월 2일부터 4일까지

조사 방법: 직접 방문 / 다 (   )

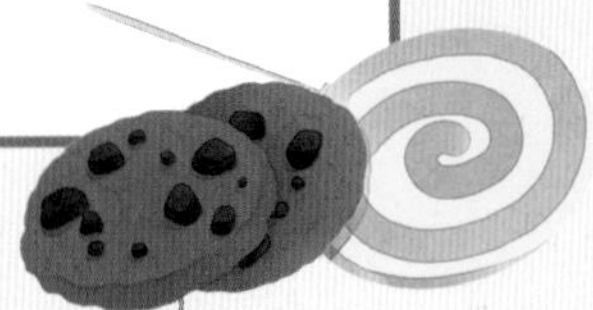

짜임

처음	가운데	끝
•	•	•
•	•	•
조사를 위한 준비	조사를 마치면서 느낀 점	직접 방문 및 설문지를 통해 조사한 내용

글의 처음, 가운데, 끝 부분에 어떤 내용이 담겨 있는지 생각해 보세요.

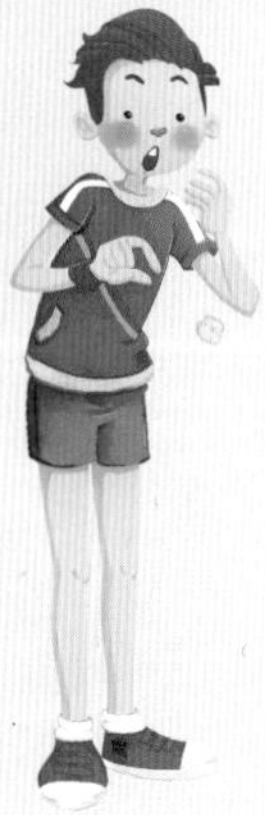

❶ 불량 식품의 천국 ❷ 총학생회 ❸ 학교 앞 불량 식품 판매 실태
❹ 원산지 표시 ❺ 불량 식품을 사 먹는 까닭은 무엇인가? ❻ 학교 앞 구멍가게
❼ 학교 주변 학원 ❽ 설문지 조사

조사 내용
- 구멍가게 방문
  - 제품의 종류
  - 식품 첨가물의 종류
  - ㉣
- 설문지
  - 불량 식품을 주로 사 먹는 곳은 어디인가?
  - ㉤
  - 불량 식품을 얼마나 자주 사 먹는가?

의견
- 모두 함께 노력해서 더 이상 학교 앞이 ㉥ (　　　　) 이 되지 않게 하자.

1 다음은 학교 앞 구멍가게의 불량 식품 판매 실태에 대해 조사한 결과입니다. 바르지 않은 것을 모두 골라 ∨표 해 보세요.

조사 결과		
제품의 종류	사탕, 젤리, 초콜릿, 빵, 과자, 음료, 아이스크림 등 총 50여 가지	
식품 첨가물의 종류	타르 색소의 일종인 청색 1호, 적색 2호, 황색 4호, 황산암모늄	
원산지 표시	① 원산지는 중국산으로 표시되어 있거나, 원산지 표시가 되어 있지 않은 제품이 대부분이었음	☐
불량 식품을 사 먹는 곳	② 70퍼센트가 학교 앞 구멍가게	☐
불량 식품을 먹는 까닭	③ '값이 싸서'가 50퍼센트, '달고 맛있어서'가 30퍼센트, '색깔이 화려하고 예뻐서'가 20퍼센트를 차지함	☐
불량 식품을 먹는 횟수	④ '가끔 사 먹는다.'가 50퍼센트, '매일 사 먹는다.'가 30퍼센트, '2~3일에 한 번 사 먹는다.'가 20퍼센트를 차지함	☐

2 다음은 앞의 글을 읽은 친구들의 대화입니다. 가장 타당하지 못한 의견을 내고 있는 친구는 누구인가요?

① 학교 앞에서 불량 식품을 사 먹고, 배가 아팠던 경험이 떠올라 기분이 안 좋아.

② 불량 식품을 없애기 위해서는 나부터 사 먹지 말아야 한다고 생각했어.

③ 불량 식품은 화려한 색소를 입고, 안전성이 검증되지 않은 채 우리들을 유혹하고 있어.

④ 어른들도 어렸을 적에 불량 식품을 많이 먹었대. 그러니까 우리가 먹어도 문제될 것은 없어.

06 꼼꼼히 집중하여 읽기

글의 갈래	전래 동요
걸린 시간	분 초

오늘 읽어 볼 글입니다. 차근차근 잘 읽고, 문제를 풀어 보세요.

앞산에는 빨강 꽃
뒷산에는 노랑 꽃
빨강 꽃은 치마 짓고
노랑 꽃은 저고리 지어
풀을 꺾어 머리 하고

게딱지[1]로 솥을 걸어
흙가루로 밥을 짓고
솔잎으로 국수 말아
풀각시를 절 시키세.

❶ **게딱지** : 게의 등딱지

다음은 앞에서 읽은 글의 내용을 한눈에 볼 수 있도록 정리한 글밥지도입니다. 보기에서 알맞은 말을 골라 빈칸을 채워 보세요. 그리고 글에 알맞은 제목과 각 연의 중심 내용을 찾아 선으로 연결해 보세요.

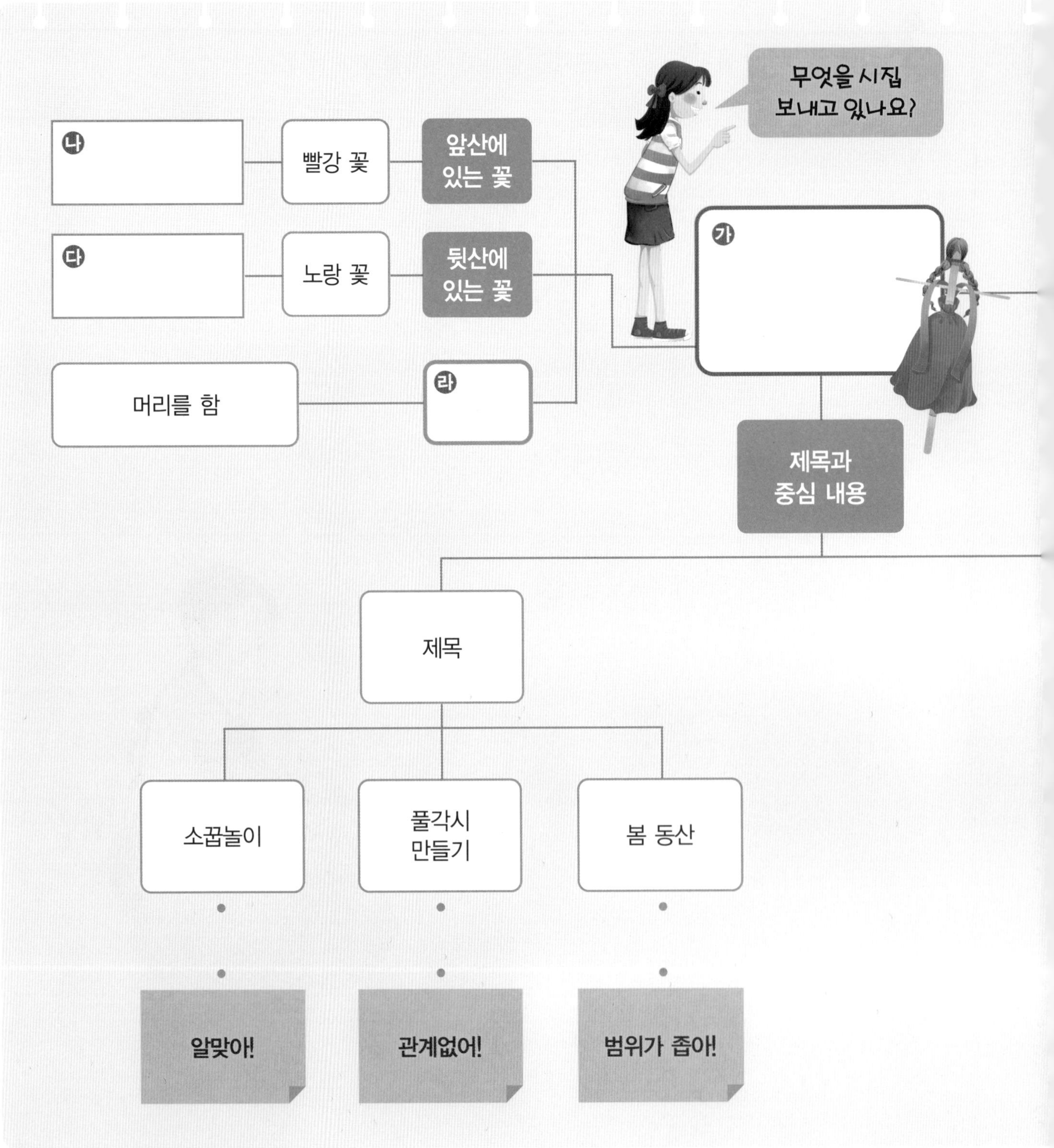

무엇을 시집 보내고 있나요?

가 ( )

앞산에 있는 꽃 — 빨강 꽃 — 나 ( )

뒷산에 있는 꽃 — 노랑 꽃 — 다 ( )

라 ( ) — 머리를 함

제목과 중심 내용

제목

소꿉놀이 • — • 알맞아!

풀각시 만들기 • — • 관계없어!

봄 동산 • — • 범위가 좁아!

❶ 솥을 걺 ❷ 풀각시 ❸ 풀 ❹ 치마를 지음
❺ 저고리를 지음 ❻ 잔칫상을 차림 ❼ 밥을 지음 ❽ 솔잎

게딱지	마
흙가루	바
사	국수를 맒

1연과 2연에서는 각각 무엇을 만들거나 하고 있나요?

중심 내용

1연	2연
•	•
•	•
잔칫상을 차림	풀각시를 만듦

1연과 2연은 각각 어떤 장면을 노래한 것인지 생각해 보세요.

1 다음은 앞에서 읽은 소꿉놀이 모습을 재미있게 표현한 전래 동요의 일부분입니다. 보기 에서 알맞은 말을 골라 새로운 전래 동요를 지어 보세요.

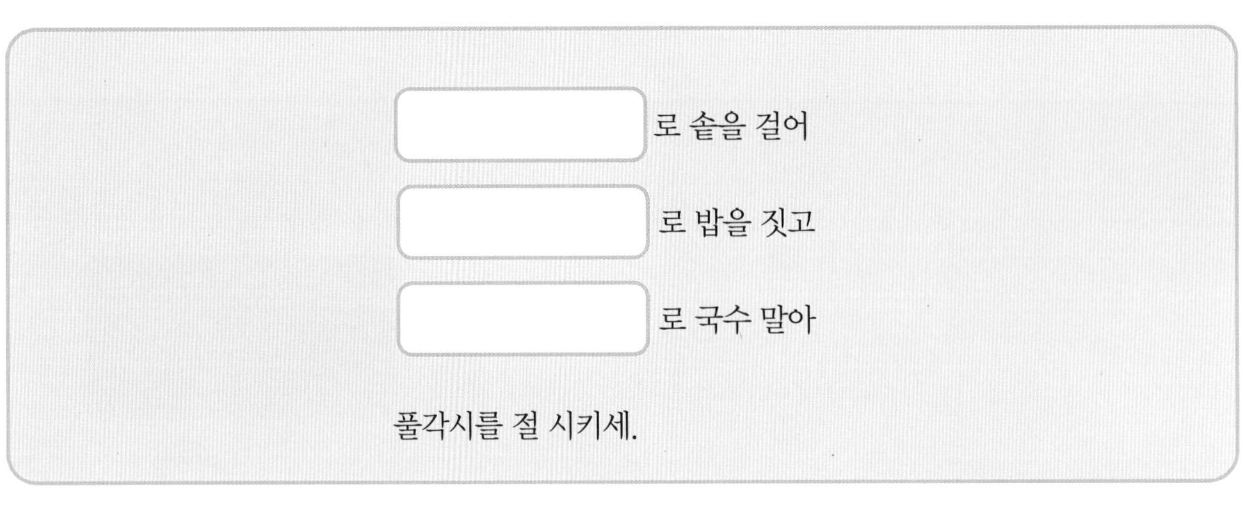

[　　　　　　]로 솥을 걸어

[　　　　　　]로 밥을 짓고

[　　　　　　]로 국수 말아

풀각시를 절 시키세.

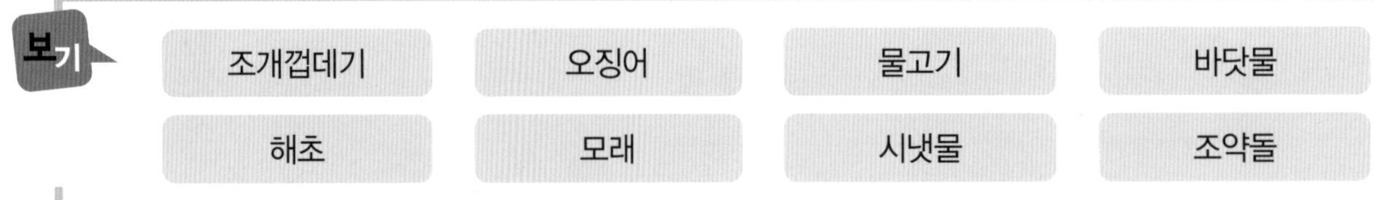

보기

조개껍데기	오징어	물고기	바닷물
해초	모래	시냇물	조약돌

2 다음은 앞의 글을 읽은 친구들의 대화입니다. 가장 타당하지 못한 의견을 내고 있는 친구는 누구인가요?

① 국수가 나오고, 풀각시를 절 시키는 것으로 보아 시집보내는 소꿉놀이를 하고 있는 것 같아.

② 조용하고 엄숙한 분위기가 느껴져.

③ 1연은 풀각시 만들기, 2연은 잔칫상을 차리는 내용으로 구성되어 있어.

④ 같은 글자 수가 일정하게 반복되어 노래하는 느낌이 들어.

꼼꼼히 집중하여 읽기

글의 갈래 | **주장하는 글**

걸린 시간 | 분 초

오늘 읽어 볼 글입니다. 차근차근 잘 읽고, 문제를 풀어 보세요.

우리나라는 생활 수준이 향상되고 의학 기술이 나날이 발전하면서 국민들의 수명이 길어져 노인 인구도 크게 늘어나고 있다. 노인 인구가 늘어날수록 노인들의 경제적 어려움, 각종 질병 및 간호 문제 등 해결해야 할 문제점도 많아질 것이다. 따라서 노인 문제에 대한 정부의 대책이 필요하다.

첫째, 노인에게 일할 수 있는 기회를 제공해야 한다. 노인의 일자리는 노인들의 삶의 질과 밀접한 관계를 맺고 있다. 평균 수명이 계속 늘어나는 우리 사회에서 노인에게 일자리를 제공해 주는 것은 젊은이들에게 일자리를 제공해 주는 것 못지않게 중요하다. 노인들 스스로 돈을 벌 수 있는 기회를 주는 것이야말로 가장 바람직한 노인 복지라고 할 수 있다.

둘째, 노인 의료 지원 시스템을 만들어 노인들이 병으로 고생하지 않고 건강한 생활을 누릴 수 있도록 도와야 한다. 병을 앓는 노인들이 24시간 진료와 함께 간호 서비스를 받을 수 있는 전문 요양원을 세우거나, 움직이기 불편한 노인 환자의 집에 의사가 방문해 치료하는 제도를 마련해야 한다.

이처럼 인구 고령화[1]로 인한 노인 문제를 노인 개인만의 문제가 아닌 사회가 함께 책임지고 해결해 나가야 할 문제로 인식하고 노력한다면 좋은 결실이 있을 것이다.

[1] **인구 고령화** : 전체 인구 중 노인이 차지하는 비중이 증가하는 것

다음은 앞에서 읽은 글의 내용을 한눈에 볼 수 있도록 정리한 글밥지도입니다. 보기 에서 알맞은 말을 골라 빈칸을 채워 보세요. 그리고 글에 알맞은 제목과 각 문단의 내용을 찾아 선으로 연결해 보세요.

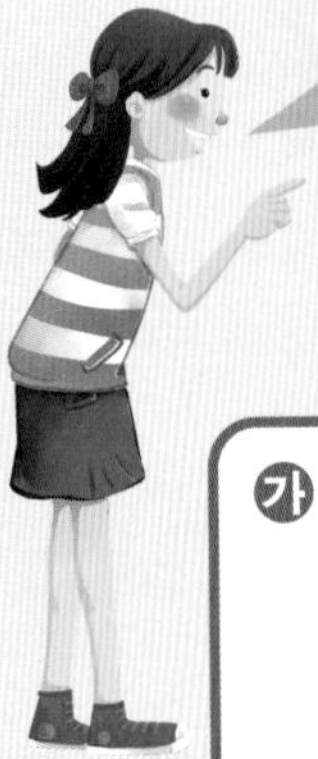

어떤 문제에 대해 이야기하고 있나요?

가

노인 인구 증가의 원인

나

의학 기술의 발달

노인 인구 증가의 문제점

다

각종 질병 및 간호 문제

제목과 문단

제목

선진국이 되는 방법	노인 인구 증가의 문제점과 대책	노인 인구 증가의 원인
알맞아!	관계없어!	범위가 좁아!

글과 어울리는 제목을 찾아보세요.

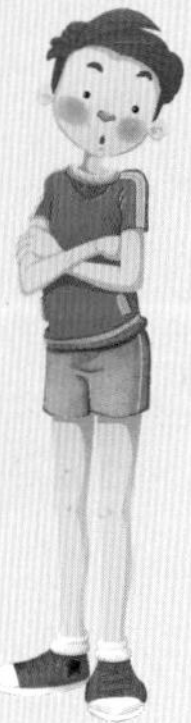

❶ 정신적 고립감 ❷ 노인 문제 ❸ 경제적 어려움 ❹ 일할 수 있는 기회
❺ 노인 일자리 줄이기 ❻ 노인 공경 ❼ 노인 의료 지원 시스템 ❽ 생활 수준의 향상

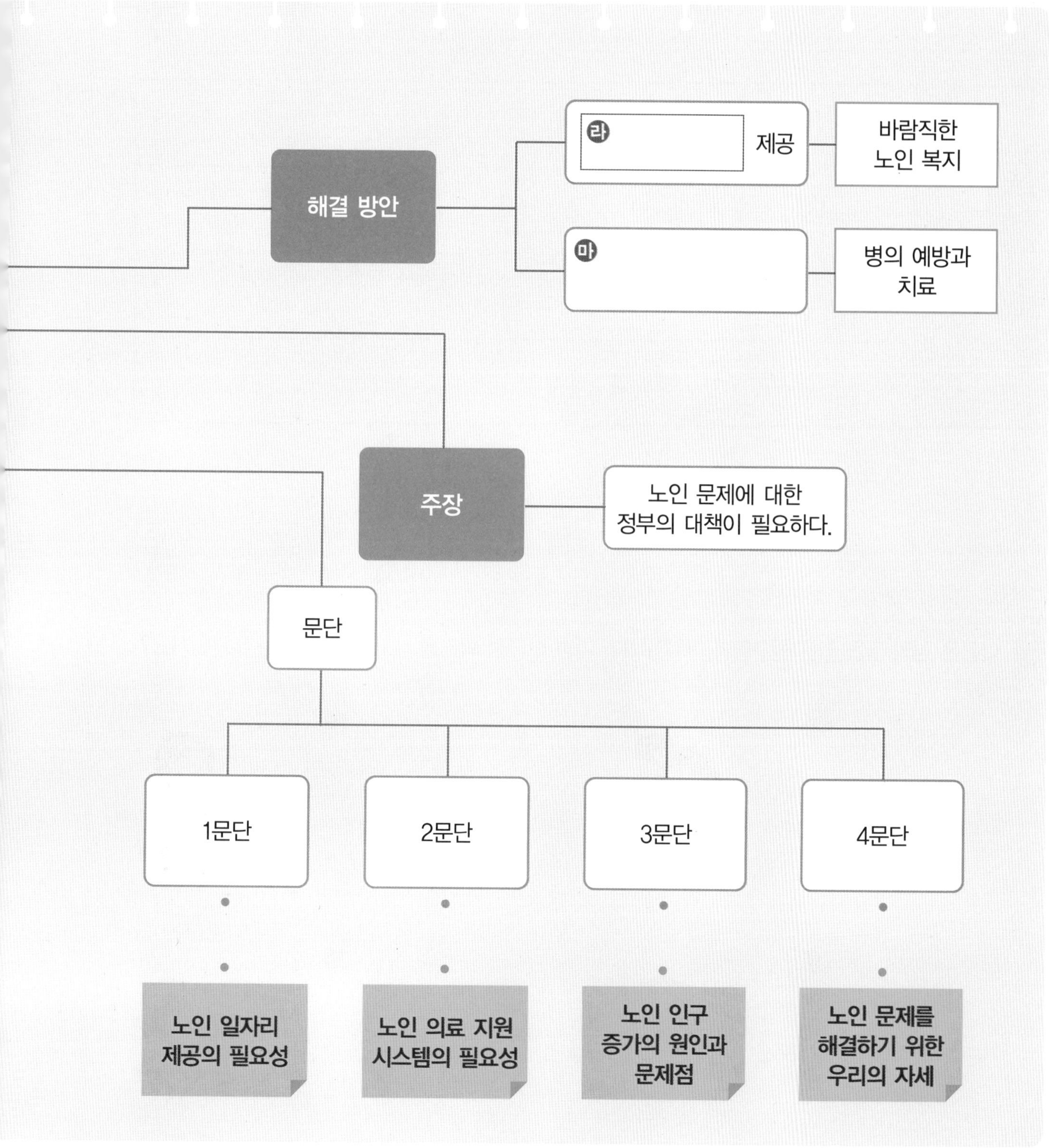

해결 방안
- 라 ( ) 제공 — 바람직한 노인 복지
- 마 ( ) — 병의 예방과 치료

주장 — 노인 문제에 대한 정부의 대책이 필요하다.

문단
- 1문단 • • 노인 일자리 제공의 필요성
- 2문단 • • 노인 의료 지원 시스템의 필요성
- 3문단 • • 노인 인구 증가의 원인과 문제점
- 4문단 • • 노인 문제를 해결하기 위한 우리의 자세

1 다음은 글쓴이가 제기한 문제와 주장을 정리한 것입니다. 글쓴이가 어떤 주장을 내세웠을지 적고, 글쓴이가 제시한 해결 방안으로 알맞은 것을 모두 골라 ○표 해 보세요.

문제 제기	노인 인구의 증가로 많은 노인 문제가 발생할 것이다.	
주장	가	
해결 방안	① 노인에게 일할 수 있는 기회를 제공한다.	
	② 노인 의료 지원 시스템을 만들어 노인들이 건강한 생활을 누릴 수 있도록 한다.	
	③ 노인 문제는 노인 스스로 해결해야 할 문제이다.	

2 다음은 앞의 글을 읽은 친구들의 대화입니다. 가장 타당한 의견을 내고 있는 친구는 누구인가요?

① 우리나라는 인구 고령화가 빠르게 진행되고 있어.

② 우리나라의 노인 인구는 해마다 줄고 있어.

③ 노인 인구 증가에 따른 문제는 해결하기 어려운 문제이므로 마땅한 해결 방법이 없어.

④ 노인들에게 일자리를 주는 것보다 젊은이들에게 일자리를 주는 것이 더 중요해.

08 꼼꼼히 집중하여 읽기

글의 갈래 | 시조

걸린 시간 | 분 초

오늘 읽어 볼 글입니다. 차근차근 잘 읽고, 문제를 풀어 보세요.

훈민가[1]

정철

(가) 어버이 살아 계실 때 섬기기를 다하여라.
돌아가신 후에는 애달프다 어이하리.
평생에 다시 못할 일이 이뿐인가 하노라.

(나) 마을 사람들아 옳은 일 하자꾸나.
사람이 되어서 옳지 못하면
마소[1]를 갓, 고깔 씌워 밥 먹이기와 다르랴.

(다) 오늘도 다 새었다. 호미 메고 가자꾸나.
내 논 다 매거든 네 논 좀 매어 주마.
올 길에 뽕 따다가 누에 먹여 보자꾸나.

(라) 이고 진 저 늙은이 짐 풀어 나를 주오.
나는 젊었으니 돌이라 무거울까.
늙기도 서러웁거든 짐을조차 지실까.

❶ **훈민가(訓民歌)** : 조선 시대에 정철이 강원도 관찰사로 있으면서 백성들을 가르치기 위해 지은 시조

❷ **마소** : 말과 소

다음은 앞에서 읽은 글의 내용을 한눈에 볼 수 있도록 정리한 글밥지도입니다. 보기에서 알맞은 말을 골라 빈칸을 채워 보세요. 그리고 이 시조를 지은 목적과 각 수의 주제를 찾아 선으로 연결해 보세요.

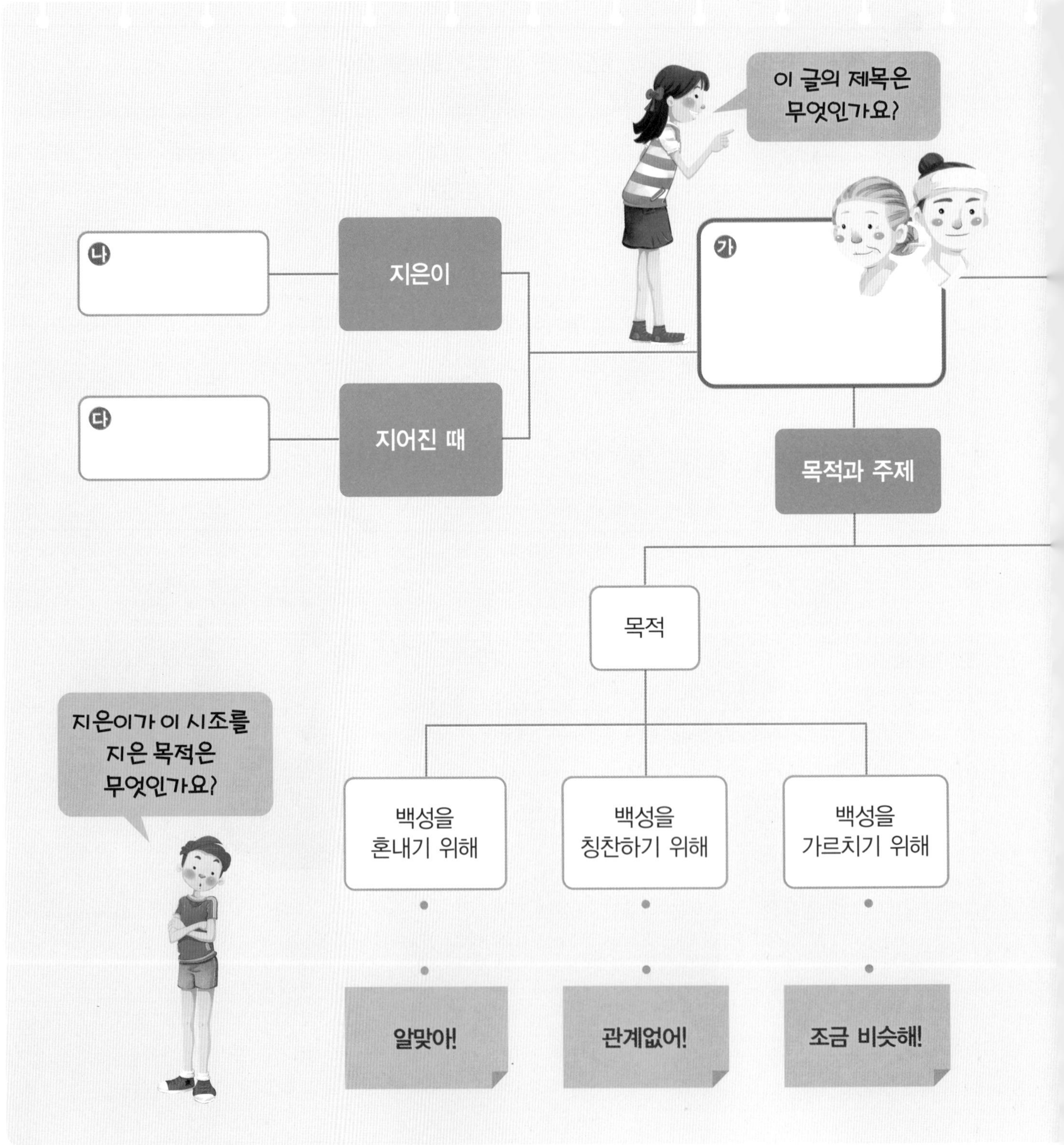

이 글의 제목은 무엇인가요?

가 (　　　)

나 (　　　) — 지은이

다 (　　　) — 지어진 때

목적과 주제

목적

지은이가 이 시조를 지은 목적은 무엇인가요?

백성을 혼내기 위해	백성을 칭찬하기 위해	백성을 가르치기 위해
알맞아!	관계없어!	조금 비슷해!

보기
❶ 훈민가 ❷ 조선 시대 ❸ 윤선도 ❹ 정철
❺ 젊은이 ❻ 늙은이 ❼ 옳은 일 ❽ 섬기기

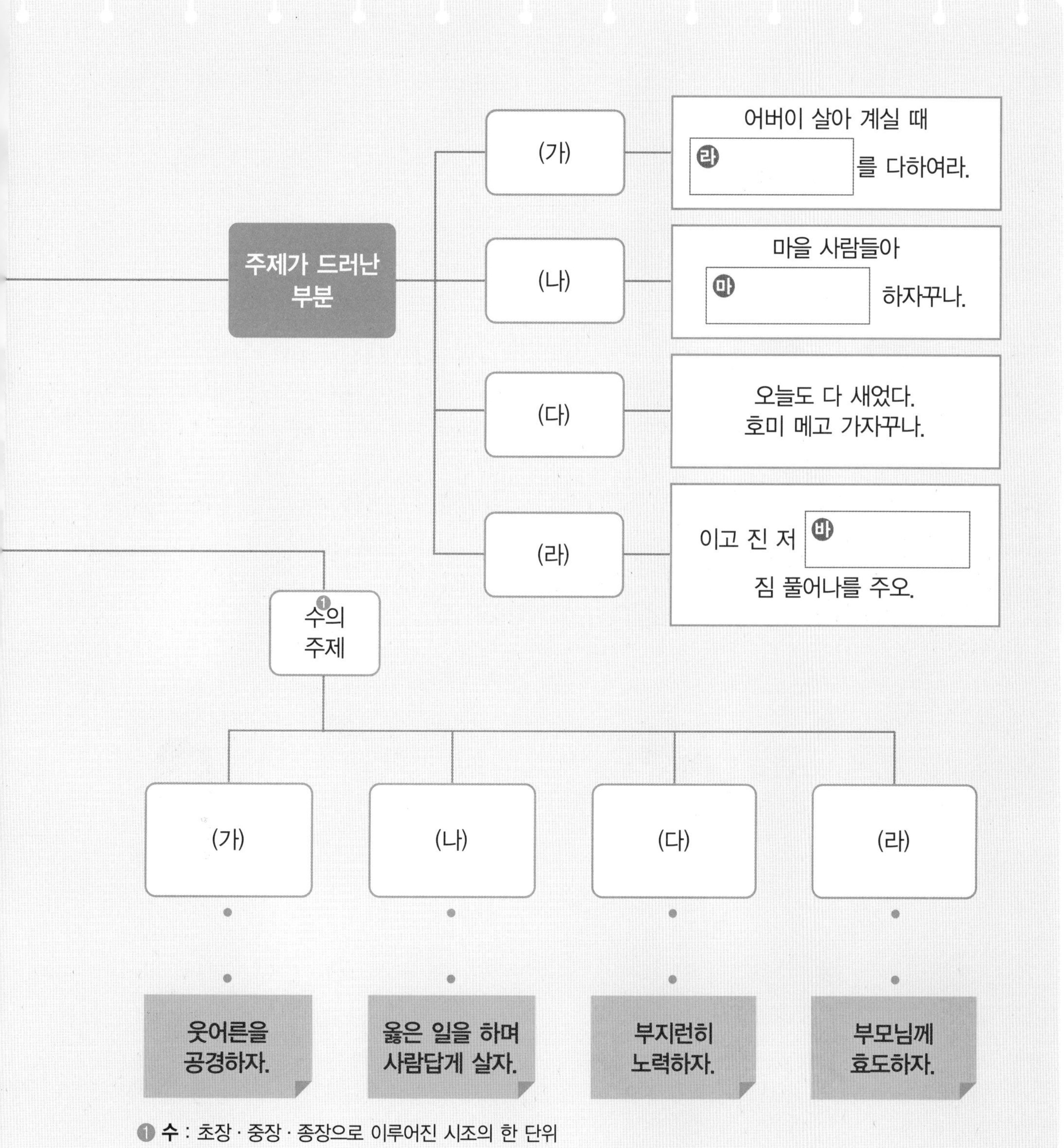

❶ **수** : 초장 · 중장 · 종장으로 이루어진 시조의 한 단위

1 다음은 우리 생활에서 흔히 볼 수 있는 모습입니다. 이때 자리에 앉아 있는 남자아이에게 훈민가의 어느 부분을 들려 주면 좋을지 골라 ○표 해 보세요.

①
오늘도 다 새었다. 호미 메고 가자꾸나.
내 논 다 매거든 네 논 좀 매어 주마.
올 길에 뽕 따다가 누에 먹여 보자꾸나.

②
이고 진 저 늙은이 짐 풀어 나를 주오.
나는 젊었으니 돌이라 무거울까.
늙기도 서러웁거든 짐을조차 지실까.

2 다음은 앞의 글을 읽은 친구들의 대화입니다. 가장 타당하지 못한 의견을 내고 있는 친구는 누구인가요?

① 주로 세 글자, 네 글자씩 되풀이되고 있어 노래 같은 느낌이 들어.

② 이 시조를 읽으면서 나 자신을 되돌아보게 되었어.

③ 사람이 어떻게 살아야 할지 가르쳐 주고 있어서 아이들에게 많은 도움이 될 거야.

④ 자기가 아는 것이 많다고 백성들을 깔보는 지은이가 얄미워.

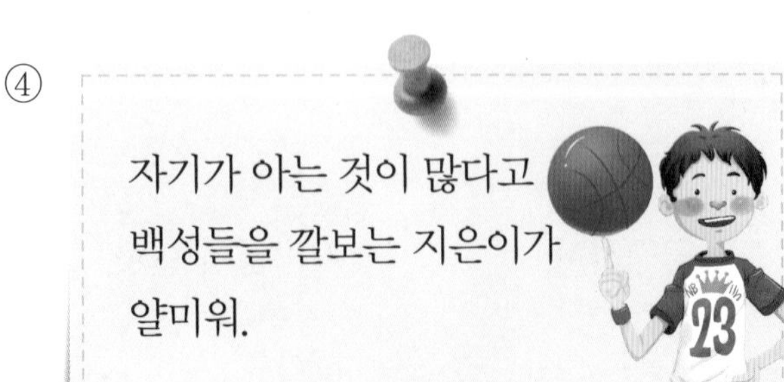

09 꼼꼼히 집중하여 읽기

글의 갈래	설명하는 글
걸린 시간	분 초

오늘 읽어 볼 글입니다. 차근차근 잘 읽고, 문제를 풀어 보세요.

태양계에 있는 모든 행성들은 자전과 공전을 해요. 자전 운동이란 행성이 스스로 도는 것을 뜻하고 행성이 다른 행성의 둘레를 도는 것을 공전이라고 해요.

지구가 한 번 자전하는 데 걸리는 시간은 23시간 56분 4초로, 하루보다 약 4분 정도 늦어요. 낮과 밤이 있는 까닭은 이렇게 지구가 자전하고 있기 때문이에요. 또한 지구가 태양의 둘레를 공전하는 데 걸리는 시간은 약 365.24일이에요. 1년을 365일로 하면 1년하고 6시간이 더 걸리는 셈이에요. 지구의 공전 속도는 1초에 30킬로미터 정도로, 계절의 변화는 바로 공전 때문에 생긴 것이에요.

그런데 우리는 왜 이러한 지구의 자전과 공전을 느끼지 못하는 것일까요? 그 까닭은 지구의 중력이 우리를 꽉 잡아 주고 있기 때문이에요. 중력의 힘은 공전이나 자전이 우리에게 별 영향을 주지 못할 만큼 강해요.

그렇다면 행성들은 왜 회전하게 되었을까요? 많은 과학자들은 그 이유를 행성들을 구성하고 있는 먼지 구름의 양에서 찾고 있어요. 태양계는 거대한 먼지 구름의 부피가 줄어들면서 만들어졌는데, 행성을 구성하는 먼지 구름의 밀도[1]가 고르지 않았어요. 같은 행성 안에서도 어느 쪽은 많고, 어느 쪽은 적게 나뉘어 있었던 거예요. 이렇게 행성들은 행성의 구성 물질인 먼지 구름이 서로 다른 양으로 흩어져 있기 때문에 어느 한쪽은 무겁고, 어느 한쪽은 가벼워서 균형을 맞추기 위해서 열심히 돌고 있는 거예요.

[1] **밀도** : 빽빽이 들어선 정도

다음은 앞에서 읽을 글의 내용을 한눈에 볼 수 있도록 정리한 글밥지도입니다. 보기 에서 알맞은 말을 골라 빈칸을 채워 보세요. 그리고 글에 알맞은 제목과 각 문단의 내용을 찾아 선으로 연결해 보세요.

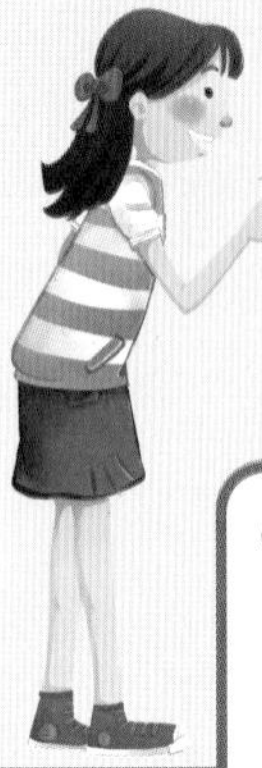

중심 소재는 무엇인가요?

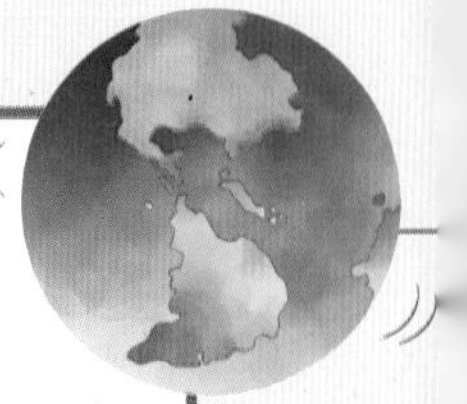

㉮

자전의 뜻 — ㉯

공전의 뜻 — ㉰

행성이 회전하는 까닭 — 행성을 구성하는 ㉱ 의 밀도가 달라서

제목과 문단

제목

태양의 신비 · · 알맞아!

자전과 공전 · · 관계없어!

행성이 회전하는 까닭 · · 범위가 좁아!

글과 어울리는 제목을 찾아보세요.

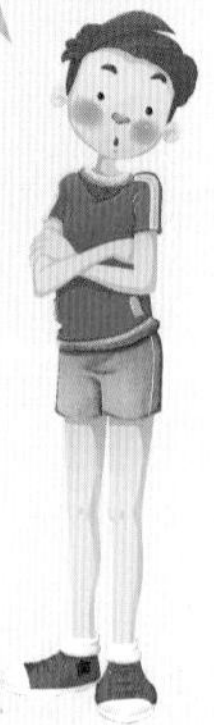

❶ 계절의 변화 ❷ 낮과 밤의 변화 ❸ 자전과 공전
❹ 공전 ❺ 자전 ❻ 먼지 구름
❼ 다른 행성의 둘레를 도는 것 ❽ 행성이 스스로 도는 것

지구의 자전
- 시간: 23시간 56분 4초가 걸림
- 결과: 마

지구의 공전
- 시간: 365.24일 걸림
- 결과: 바

문단
- 1문단 • • 자전과 공전을 느끼지 못하는 까닭
- 2문단 • • 공전과 자전의 뜻
- 3문단 • • 지구의 자전과 공전
- 4문단 • • 행성이 회전하는 까닭

1 다음은 앞에서 읽은 글의 내용을 짜임에 따라 요약한 것입니다. 요약한 내용 중 바르지 않은 것을 골라 ∨표 해 보세요.

구분	내용	∨표
처음	① 태양계에 있는 모든 행성들은 자전과 공전을 한다.	
가운데	② 지구가 자전하고 있기 때문에 낮과 밤이 있는 것이다.	
	③ 계절의 변화는 지구가 태양의 둘레를 돌기 때문에 생기는 것이다.	
	④ 우리는 자력 때문에 지구의 자전이나 공전을 느끼지 못한다.	
끝	⑤ 행성의 구성 물질인 먼지 구름이 서로 다른 양으로 흩어져 있기 때문에 균형을 맞추려고 행성들이 열심히 돌고 있는 것이다.	

2 다음은 앞의 글을 읽은 친구들의 대화입니다. 가장 타당하지 못한 의견을 내고 있는 친구는 누구인가요?

① 지구는 잠시도 쉬지 않고 끊임없이 움직이고 있구나.

② 태양이 지구의 주위를 돌기 때문에 계절의 변화가 생기는 것이구나.

③ 지구가 스스로 돌지 않는다면 낮과 밤을 구분할 수 없겠구나.

④ 행성이 열심히 회전하는 까닭은 같은 행성 안에서도 먼지 구름의 양이 다르기 때문이야.

꼼꼼히 집중하여 읽기

글의 갈래 | 설명하는 글

걸린 시간 | 분 초

오늘 읽어 볼 글입니다. 차근차근 잘 읽고, 문제를 풀어 보세요.

연날리기는 주로 아이들과 청소년들이 갖가지 모양의 연을 하늘 높이 띄우며 노는 민속놀이이다. 설날부터 대보름날 사이에 넓은 들판이나 나무의 키가 크지 않은 마을 언덕 위에서 주로 즐겼다.

연은 삼국 시대 때 김유신 장군이 처음 날렸다고 하기도 하고 또는 고려 시대 때라고도 하는데, 어느 학설이 맞는지는 확인되지 않아 정확한 시기는 알 수 없다.

연은 싸리나무나 대나무를 가늘게 깎아 만든 연의 뼈대에 닥나무를 이용해서 만든 한지를 발라 만든다. 연을 만들 때에는 먼저, 종이의 가로세로 비율을 2 대 3으로 하여 종이 한가운데에 동그랗게 방구멍을 낸다. 그 다음 댓살을 ①번 머릿살, ④ · ⑤번 장살, ③번 중심살, ②번 허릿살순으로 다섯 개를 붙인다. 댓살을 붙일 때 장살 두 개는 서로 길이와 두께가 같아야 하고, 중심살은 연이 날 때 중심을 잡아 주기 때문에 일직선으로 곧고 균형 있게 살을 조정해 주어야 한다. 또 허릿살은 연의 유연성을 높여 주기 위해 얇고 부드러워야 한다. 댓살 붙이기가 끝나고, 목줄을 맬 때에는 오른쪽, 왼쪽, 아래, 머리, 가운데 순서로 맨다. 특히 아래 매기를 할 때에는 허릿살과 연 밑단 사이 가운데 부분에 구멍을 뚫어 줄을 매고, 가운뎃줄은 연이 바람에 뒤집어지는 것을 방지하기 위해 조금 느슨하게 맨다.

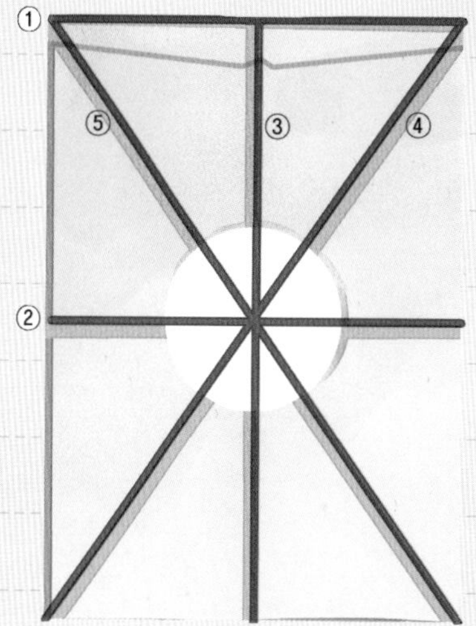

요즘에도 강가나 공원 등 넓은 공간과 연을 날리기 좋은 바람만 있으면 언제 어디서나 연을 날리는 모습을 볼 수 있다.

다음은 앞에서 읽은 글의 내용을 한눈에 볼 수 있도록 정리한 글밥 지도입니다. 보기 에서 알맞은 말을 골라 빈칸을 채워 보세요. 그리고 글에 알맞은 제목과 각 문단의 내용을 찾아 선으로 연결해 보세요.

중심 소재는 무엇인가요?

가 (빈칸)

- 즐기는 사람 — 나 (빈칸)
- 날린 때 — 다 (빈칸)
- 날린 곳 — 넓은 들판이나 언덕 위
- 처음 날린 때 — 정확한 시기는 알 수 없음

제목과 문단

제목

연을 날리는 까닭	연날리기	연을 만드는 방법
알맞아!	관계없어!	범위가 좁아!

글과 어울리는 제목을 찾아보세요.

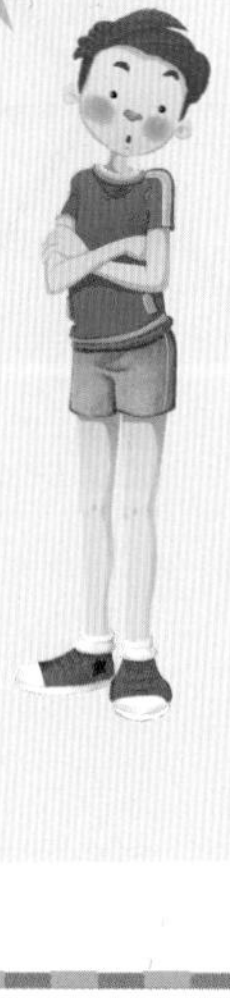

보기

❶ 방구멍 내기 ❷ 연날리기 ❸ 목줄 매기
❹ 설날부터 대보름날 사이 ❺ 민속놀이 ❻ 아이들과 청소년들
❼ 한지 ❽ 연을 날린 곳

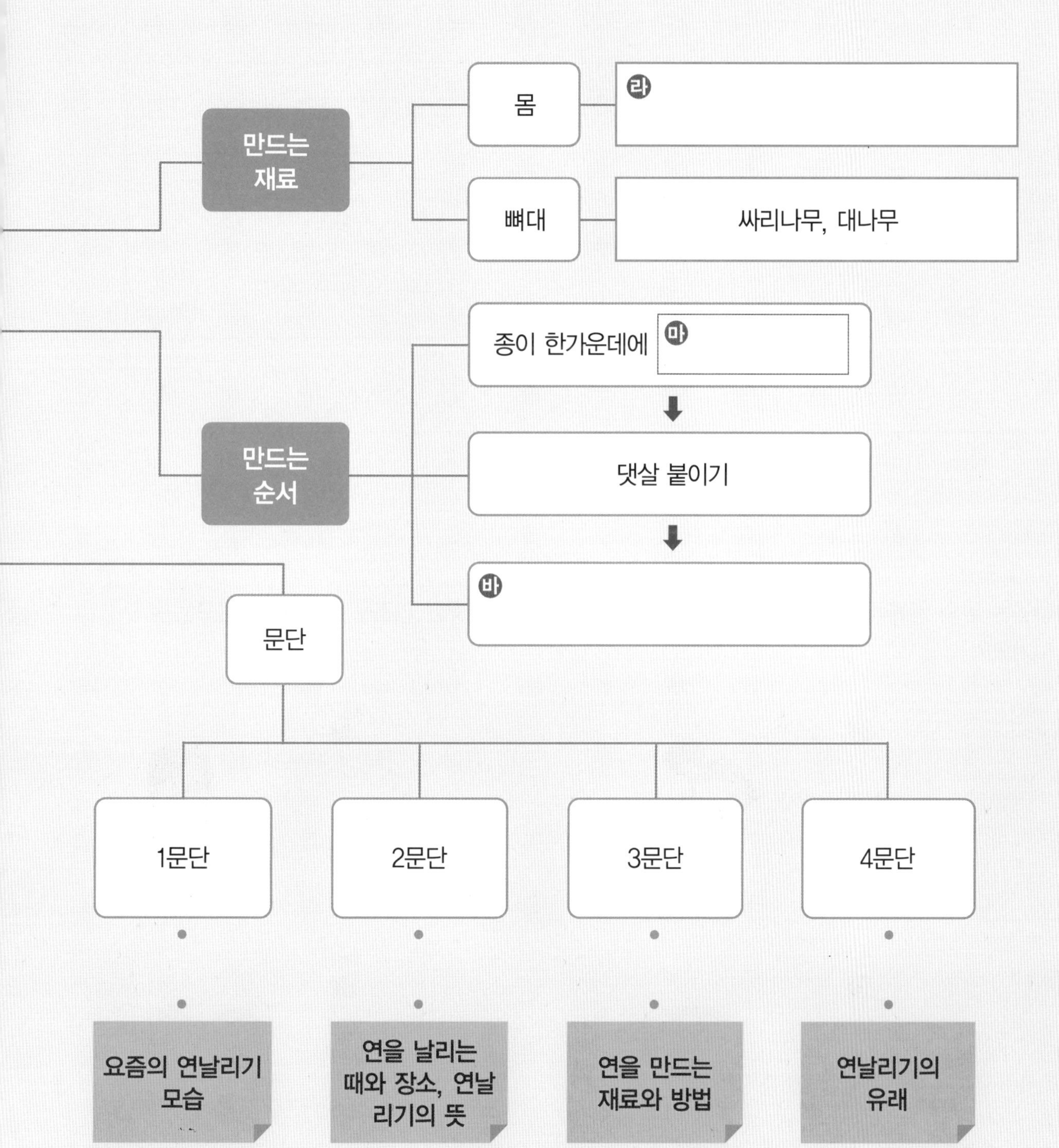

1 다음은 앞에서 읽은 글의 내용을 짜임에 따라 요약한 것입니다. 요약한 내용 중 바르지 않은 것을 모두 골라 ∨표 해 보세요.

처음	① 연날리기는 연을 하늘 높이 띄우며 노는 민속놀이로 설날에서 대보름날 사이에 넓은 들판이나 나무의 키가 크지 않은 마을 언덕 위에서 주로 즐겼다.	
가운데	② 연은 삼국 시대 때 김유신 장군이 처음 날린 것으로 정확히 확인되었다.	
	③ 연은 갱지와 소나무나 대나무를 이용하여 만들었다.	
	④ 연은 방구멍을 만든 다음 댓살을 순서대로 붙이고, 목줄을 매어 만든다.	
끝	⑤ 요즘에도 넓은 공간과 바람만 있으면 언제 어디서나 연을 날린다.	

2 다음은 앞의 글을 읽은 친구들의 대화입니다. 가장 타당하지 못한 의견을 내고 있는 친구는 누구인가요?

① 연날리기는 주로 여자아이들이 하는 놀이야.

② 연날리기는 주위에 장애물이 없는 장소에서 해야 해. 왜냐하면 연이나 연의 줄이 걸릴 수 있기 때문이야.

③ 연은 일정한 순서와 방법에 따라 만들어야 잘 날 수 있을 것 같아.

④ 연은 바람이 많이 부는 겨울에 주로 즐기던 놀이야.

꼼꼼히 집중하여 읽기

글의 갈래 | 시

걸린 시간 | 분 초

오늘 읽어 볼 글입니다. 차근차근 잘 읽고, 문제를 풀어 보세요.

북청 사자 춤

북청 사자 춤을 춘다.
오색 빛깔 털옷 입고
커단 머리 흔들대고
왕방울 눈 부릅뜨고
북과 퉁소 장단 맞춰
가지가지 춤을 추네.

북청 사자 춤을 춘다.
앞에 갔다 뒤로 갔다
옆 걸음도 쳐서 가고
드러누워 턱을 긁고
고개 돌려 등도 핥고
갖은 재주 피워 보네.

북청 사자 춤을 춘다.
엉금엉금 걸어오다
옆 발 번쩍 들고 나와
공중 높이 일어서서
왕방울 눈 부릅뜨고
빨간 혀를 날름대네.

다음은 앞에서 읽은 글의 내용을 한눈에 볼 수 있도록 정리한 글밥지도입니다. 보기 에서 알맞은 말을 골라 빈칸을 채워 보세요. 그리고 각 연의 중심 내용을 찾아 선으로 연결해 보세요.

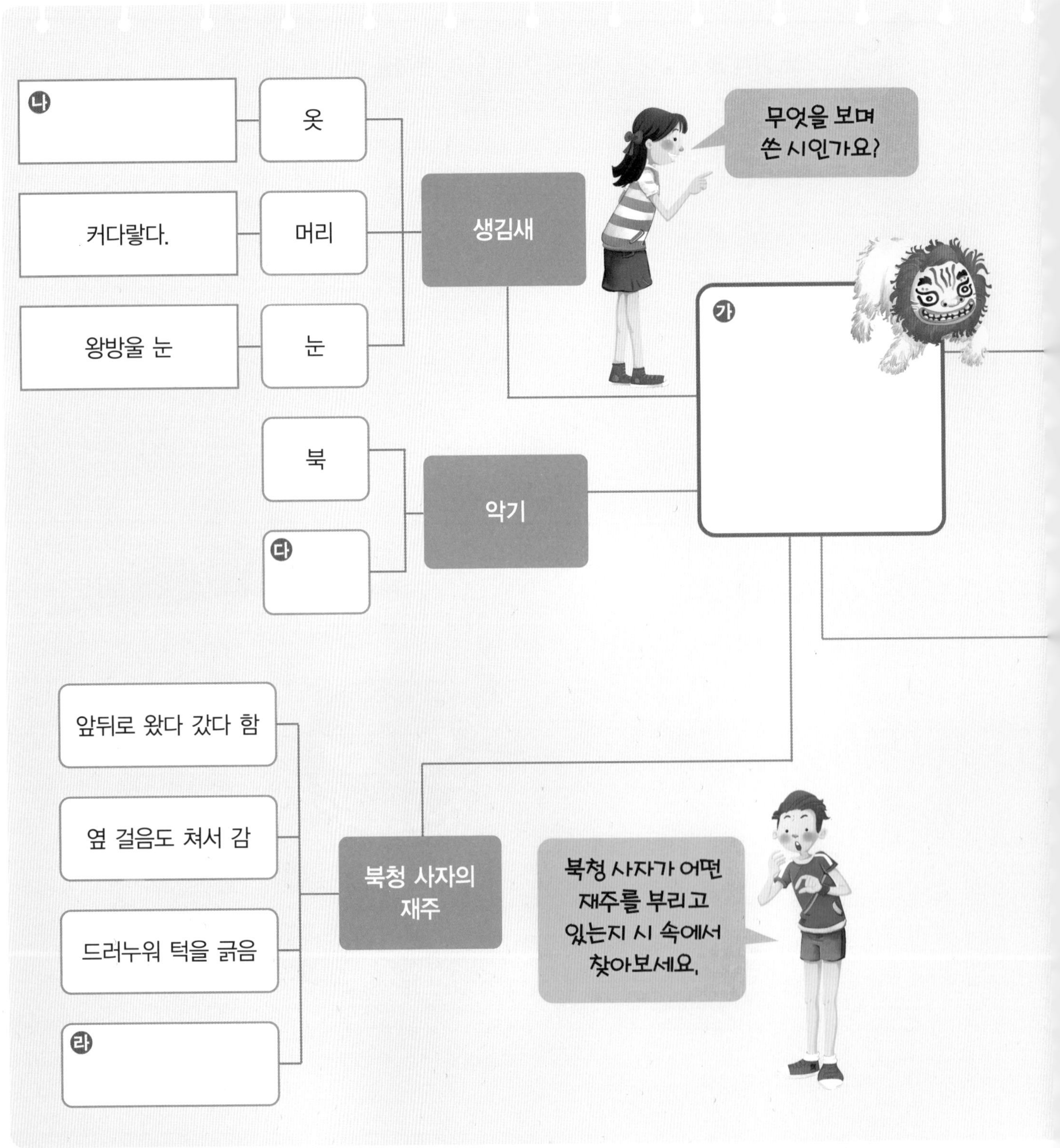

가 (빈칸)

생김새
- 옷 — 나 (빈칸)
- 머리 — 커다랗다.
- 눈 — 왕방울 눈

악기
- 북
- 다 (빈칸)

북청 사자의 재주
- 앞뒤로 왔다 갔다 함
- 엽 걸음도 쳐서 감
- 드러누워 턱을 긁음
- 라 (빈칸)

무엇을 보며 쓴 시인가요?

북청 사자가 어떤 재주를 부리고 있는지 시 속에서 찾아보세요.

❶ 앞발 ❷ 왕방울 눈 ❸ 북청 사자 춤 ❹ 고개 돌려 등을 핥음
❺ 위아래로 오르내림 ❻ 옆 발 번쩍 들고 나옴 ❼ 오색 빛깔 ❽ 통소

북청 사자의 춤추는 모습
- 엉금엉금 걸어옴
- 마 (   )
- 공중 높이 일어섬
- 바 (   ) 을 부릅뜸
- 빨간 혀를 날름댐

연의[1] 중심 내용

1연	2연	3연
•	•	•
•	•	•
북청 사자의 춤추는 모습	북청 사자의 생김새와 악기	북청 사자의 재주

이 시는 3연으로 구성되어 있어요.

❶ **연** : 시의 여러 행이 모여 이루어진 덩어리

1 다음은 앞에서 읽은 북청 사자 춤을 추는 모습을 재미있게 표현한 시의 2연입니다. 보기에서 알맞은 말을 골라 시의 2연을 새롭게 지어 보세요.

북청 사자 춤을 춘다.
앞에 갔다 뒤로 갔다
옆 걸음도 쳐서 가고
드러누워 턱을 긁고
고개 돌려 등도 핥고
갖은 재주 피워 보네.

→

보기

앞으로 뒹굴 뒤로 뒹굴	앞으로 폴짝 뒤로 폴짝	일어서서 머리 긁고
앉아서 발도 긁고	폴짝 뛰고	또르르 굴러가고

2 다음은 앞의 글을 읽은 친구들의 대화입니다. 가장 타당하지 못한 의견을 내고 있는 친구는 누구인가요?

① 북청 사자의 모습이 사람들에게 겁을 주고, 위협을 하는 것 같이 느껴져.

② 북청 사자의 춤사위가 씩씩하고 힘차게 느껴져.

③ 북청 사자의 춤과 북과 퉁소 소리가 어우러져 흥겨운 분위기가 느껴져.

④ 북청 사자의 생김새와 동작이 익살스럽고 재미있어.

꼼꼼히 집중하여 읽기

글의 갈래	독서 감상문
걸린 시간	분 초

오늘 읽어 볼 글입니다. 차근차근 잘 읽고, 문제를 풀어 보세요.

걸리버야, 안녕! 잘 지내고 있지? 나는 ○○초등학교 6학년 강민재라고 해.

나는 도서관에서 네 모습이 그려져 있는 책 표지에 호기심이 생겨 〈걸리버 여행기〉를 읽게 되었어. 그리고 너의 용기와 지혜로움에 감동을 받아 너와 친구가 되고 싶어 편지를 쓴단다.

네가 처음 갔던 소인국에서 난쟁이들이 너를 경계하고 의심했을 때에는 정말 가슴이 조마조마했어. 하지만 곧 너의 따뜻한 마음씨에 난쟁이들도 차차 마음을 열게 되어서 다행이었어.

걸리버야, 두 번째 여행국인 거인국에서 갑자기 소인이 되어 버렸을 때는 정말 당황했지? 하지만 네가 사랑하는 엘리자베스를 만나 기뻤을 거야. 나도 네가 엘리자베스와 만나 결혼을 했을 때에는 정말 기뻤어. 그러나 신혼여행을 가기 위해 성을 떠나 숲으로 갔던 네가 다람쥐에게 잡혀 굴속에 갇혀 버렸을 때와 왕이 너를 악마라고 생각하여 악어 우리에 집어넣었을 때는 정말 오싹했어. 그리고 네가 위험에 처할 때마다 너를 구해 준 예쁜 소녀 글렘다클리치에게는 고마운 마음이 들었어. 네가 모든 여행을 무사히 마치고, 너의 나라 영국에 돌아가게 되어 정말 다행이었단다.

이 책을 읽고, 나는 용기 있고 따뜻한 너의 마음을 본받아야겠다고 생각했어. 또 너처럼 많은 세상을 경험하고 싶어졌어.

나도 너처럼 재미있는 여행을 하는 날이 빨리 왔으면 좋겠어. 그럼 안녕!

20○○년 ○○월 ○○일

모험을 좋아하는 민재가

다음은 앞에서 읽은 글의 내용을 한눈에 볼 수 있도록 정리한 글밥지도입니다. 보기에서 알맞은 말을 골라 빈칸을 채워 보세요. 그리고 글에 알맞은 제목과 글의 짜임을 찾아 선으로 연결해 보세요.

무슨 책을 읽고 썼나요?

㉮ (빈칸)

처음
- 편지를 받는 사람 — ㉯ (빈칸)
- 첫인사 — 안녕! 잘 지내고 있지?

끝
- 끝인사 — 그럼 안녕!
- 편지를 쓴 날짜 — 20○○년 ○○월 ○○일
- 편지를 쓴 사람 — ㉰ (빈칸)

제목과 짜임

글과 어울리는 제목을 찾아보세요.

제목

친구가 되고 싶은 난쟁이	〈걸리버 여행기〉를 읽고	걸리버의 용기
•	•	•
•	•	•
알맞아!	관계없어!	범위가 좁아!

❶ 책 표지에 호기심이 생겨서
❷ 걸리버 여행기
❸ 걸리버
❹ 많은 세상을 경험해 보고 싶어서
❺ 본받을 점
❻ 강민재
❼ 용기 있고 따뜻한 마음
❽ 걸리버와 친구가 되고 싶어서

전하고 싶은 말

책을 읽게 된 동기	㉣
편지를 쓴 까닭	㉤
생각과 느낌	걸리버가 무사히 여행을 마치고 영국으로 돌아가게 되어 다행이었다.
본받을 점	㉥
바람	많은 세상을 경험하고 싶다.

짜임

처음	가운데	끝
본받을 점과 글쓴이의 바람	책의 내용에 대한 생각과 느낌	인사말과 책을 읽게 된 동기 및 편지를 쓴 까닭

1 다음은 앞에서 읽은 글의 내용을 짜임에 따라 정리한 것입니다. 각 부분에 들어갈 내용으로 바르지 <u>않은</u> 것을 모두 골라 ∨표 해 보세요.

처음	① 친구가 책을 권해 주어서 읽게 되었다.	☐
	② 책을 읽은 느낌을 정리하고 싶어서 편지를 썼다.	☐
가운데	③ 소인국에서 걸리버의 따뜻한 마음씨에 난쟁이들도 차차 마음을 열게 되어서 다행이었다.	☐
	④ 거인국에서 엘리자베스를 만나 결혼을 하여 기뻤으나, 걸리버가 위험에 처할 때마다 오싹하였다.	☐
끝	⑤ 이 책을 읽고, 용기 있고 따뜻한 걸리버의 마음을 본받아야겠다고 생각하였다.	☐
	⑥ 걸리버처럼 많은 세상을 경험하겠다고 다짐하였다.	☐

2 다음은 앞의 글을 읽은 친구들의 대화입니다. 가장 타당하지 <u>못한</u> 의견을 내고 있는 친구는 누구인가요?

①
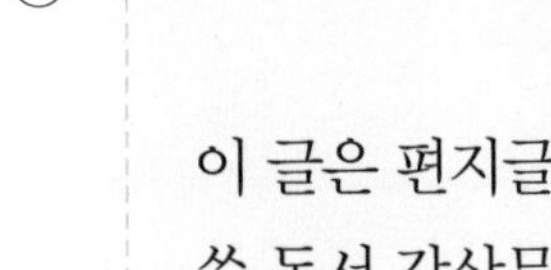
이 글은 편지글 형식으로 쓴 독서 감상문이야.

②
책을 읽은 후의 감상을 일기로 써서 더욱 실감 나게 느껴져.

③
책 속 주인공에게 이야기하듯이 자연스럽게 썼어.

④
책의 내용 중에서 인상적인 부분을 중심으로 썼어.

꼼꼼히 집중하여 읽기

글의 갈래	기사문
걸린 시간	분 초

오늘 읽어 볼 글입니다. 차근차근 잘 읽고, 문제를 풀어 보세요.

○○초등학교를 빛낼 대표를 우리 손으로

7명 후보 등록 마쳐 선거 운동 돌입

○○초등학교에서는 3월 ○○일에 있을 전교 임원 선거를 맞이하여 후보자들이 선거 운동을 하느라 아침 등교 시간부터 분주했다. 선거 운동은 아침 8시 30분부터 8시 50분까지 교실 밖에서 진행되었으며, 후보자는 임원이 되기 위해 다양한 방법으로 자신을 알렸다.

후보자는 준비한 연설문을 읽으며 소중한 한 표를 호소하였고, 선거 운동원들은 저마다 각양각색의 피켓을 들고 후보자를 회장으로 뽑아 달라고 목청껏 외쳤다. 민경애 어린이는 "활기차고 깨끗한 학교를 만들겠다."고 하였으며, 한예지 어린이는 "말보다는 행동으로 실천하는 회장이 되겠다."고 하였다. 이명호 어린이는 머슴 옷차림을 하고 나와 "머슴이 되어 온갖 궂은일도 열심히 하겠다."고 하여 큰 호응을 얻었다.

○○초등학교는 올해부터 전자 투표를 실시하여 강당에 가지 않아도 교실의 컴퓨터로 더욱 편리하게 투표를 할 수 있게 되었다.

열심히 준비한 후보자들에게 박수를 보내며 어느 후보가 당선되든 학교를 위해 열심히 뛰는 회장 , 부회장이 되기를 바란다.

다음은 앞에서 읽은 글의 내용을 한눈에 볼 수 있도록 정리한 글밥지도입니다. 보기 에서 알맞은 말을 골라 빈칸을 채워 보세요. 그리고 기사문의 형식에 대한 알맞은 설명과 본문의 내용을 찾아 선으로 연결해 보세요.

무엇에 대한 기사문인가요?

가 (   )

제목

- 표제: 나 (   )
- 부제: 7명 후보 등록 마쳐 선거 운동 돌입

형식과 본문

형식

표제	부제	전문	본문
기사 내용을 육하 원칙에 따라 나타냄	표제 내용을 보충하여 나타냄	기사 내용 전체를 간결하게 나타냄	기사의 구체적인 내용을 서술함

❶ 부제목 ❷ 임원이 되기 위해 ❸ 육하원칙
❹ 선거 운동을 ❺ 전교 임원 선거 후보자들이 ❻ 학급 임원 선거
❼ 전교 임원 선거 ❽ ○○초등학교를 빛낼 대표를 우리 손으로

전문

누가	㉰
언제	아침 8시 30분부터 8시 50분까지
어디서	교실 밖에서
무엇을	㉱
어떻게	다양한 방법으로 자신을 알렸다.
왜	㉲

본문

처음	가운데	끝
•	•	•
•	•	•
열심히 선거 운동을 하는 후보자들	학교를 위해 열심히 뛰는 임원이 되기를 바람	투표 방법에 대한 설명

1 다음은 앞에서 읽은 글의 내용을 짜임에 따라 요약한 것입니다. 요약한 내용 중 바르지 않은 것을 골라 ∨표 해 보세요.

표제	○○초등학교를 빛낼 대표를 우리 손으로	
부제	7명 후보 등록 마쳐 선거 운동 돌입	
전문	① 전교 임원 선거 후보자들이 아침 8시 30분부터 8시 50분까지 교실 밖에서 임원이 되기 위해 선거 운동을 하였다.	☐
본문	② 후보자는 준비한 연설문을 읽으며 소중한 한 표를 호소하였고, 선거 운동원들은 저마다 각양각색의 피켓을 들고 후보자를 회장으로 뽑아 달라고 목청껏 외쳤다.	☐
	③ 올해부터 전자 투표를 실시하여 강당에 가지 않아도 교실의 컴퓨터로 더욱 편리하게 투표를 할 수 있게 되었다.	☐
	④ 학급을 위해 열심히 뛰는 회장, 부회장이 되기를 바란다.	☐

2 다음은 앞의 글을 읽은 친구들의 대화입니다. 가장 타당하지 못한 의견을 내고 있는 친구는 누구인가요?

① 내용이 논리적이고, 글쓴이의 주장이 잘 나타나 있어.

② 후보들이 최선을 다해 선거 운동을 하는 모습이 잘 나타나 있어.

③ 제목을 보니까 기사문의 내용을 한눈에 알 수 있었어.

④ 알리려는 내용이 육하원칙에 따라 잘 나타나 있어 이해하기 쉬웠어.

꼼꼼히 집중하여 읽기

글의 갈래	안내하는 글
걸린 시간	분 초

오늘 읽어 볼 글입니다. 차근차근 잘 읽고, 문제를 풀어 보세요.

부산 ○○초등학교에서는 제10회 종합 학예 발표회를 열고 있습니다. 이번 종합 학예 발표회는 한 해 동안 특별 활동을 통해 향상된 창의력과 솜씨를 뽐내고, 특별 활동을 보다 활성화하기 위해 마련되었습니다.

지난 5일부터 특별 활동 부서별로 참가 접수를 받은 결과 미술반, 붓글씨반, 지점토반, 종이접기반, 연극반, 무용반, 태권도반 등이 이번 종합 학예 발표회에 참가 신청을 하였습니다. 어린이들은 각자 최선을 다해 완성한 그림과 붓글씨 그리고 정성이 가득 담긴 공예 작품 총 50여 점을 출품하여 전시하고 있으며, 연극과 발레 공연, 태권도 시범 공연 등도 선보이고 있습니다.

어린이들의 작품과 공연을 모두 감상한 학부모들은 학교 교육에 대한 믿음과 신뢰가 한층 깊어졌다며 매우 만족해하였습니다. 또한 이번 발표회에 참여하지 않은 어린이들은 다음 발표회에는 꼭 참여하겠다고 다짐했습니다.

특별 활동을 통해 부쩍 성장한 어린이들의 솜씨와 재주를 만날 수 있는 이번 종합 학예 발표회에 학생들과 학부모들의 많은 관심과 관람을 바랍니다.

- 장소 : 작품 전시 – 멀티미디어실, 과학실
  공연 – 강당
- 기간 : 20○○년 11월 15일 ~ 11월 20일
- 시간 : 오전 10시 ~ 오후 5시

다음은 앞에서 읽은 글의 내용을 한눈에 볼 수 있도록 정리한 글밥지도입니다. 보기 에서 알맞은 말을 골라 빈칸을 채워 보세요. 그리고 글에 알맞은 제목을 찾아 선으로 연결해 보세요.

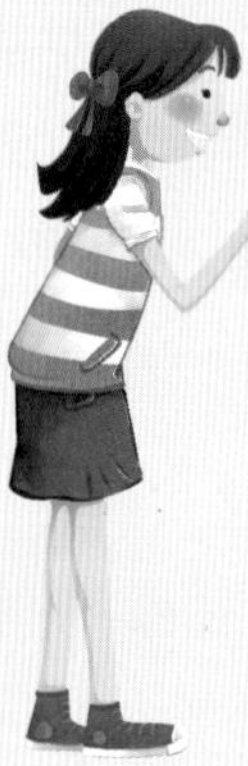

무엇에 대해 안내했나요?

- 행사 주최: ○○초등학교
- 행사 목적: ㉯ ( ) 을 뽐내기 위해 / 특별 활동을 활성화하기 위해
- ㉮ ( )

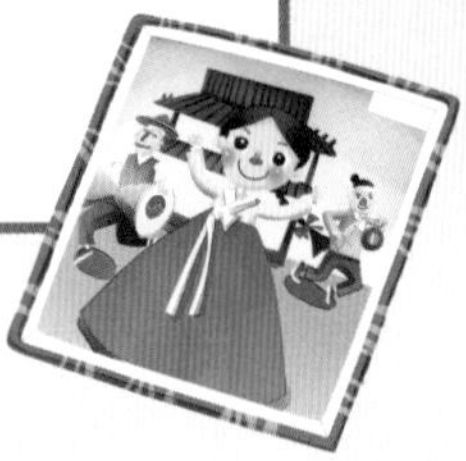

제목

글과 어울리는 제목을 찾아보세요.

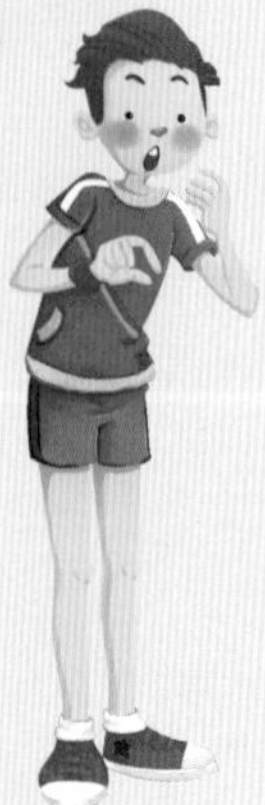

특별 활동 활성화 방안	제10회 종합 학예 발표회 안내	전시회의 목적과 내용
•	•	•
•	•	•
알맞아!	관계없어!	범위가 좁아!

❶ 공연 ❷ 합창 ❸ 제10회 종합 학예 발표회
❹ 각 반 교실 ❺ 학부모들의 관심과 관람 ❻ 멀티미디어실과 과학실
❼ 창의력과 솜씨 ❽ 신뢰가 한층 깊어졌다.

행사 장소	작품 전시	다
	라	강당
행사 내용	작품 전시	그림, 붓글씨, 공예 작품
	공연	연극, 발레, 태권도 시범
행사 기간 및 시간	기간	11월 15일~11월 20일까지
	시간	오전 10시부터 오후 5시
관람한 사람들의 반응	학교 교육에 대한 믿음과 마	

1 다음은 앞에서 읽은 글을 기사문으로 바꾸어 썼을 때의 제목과 전문입니다. 빈 칸에 들어갈 알맞은 내용을 보기에서 골라 답해 보세요.

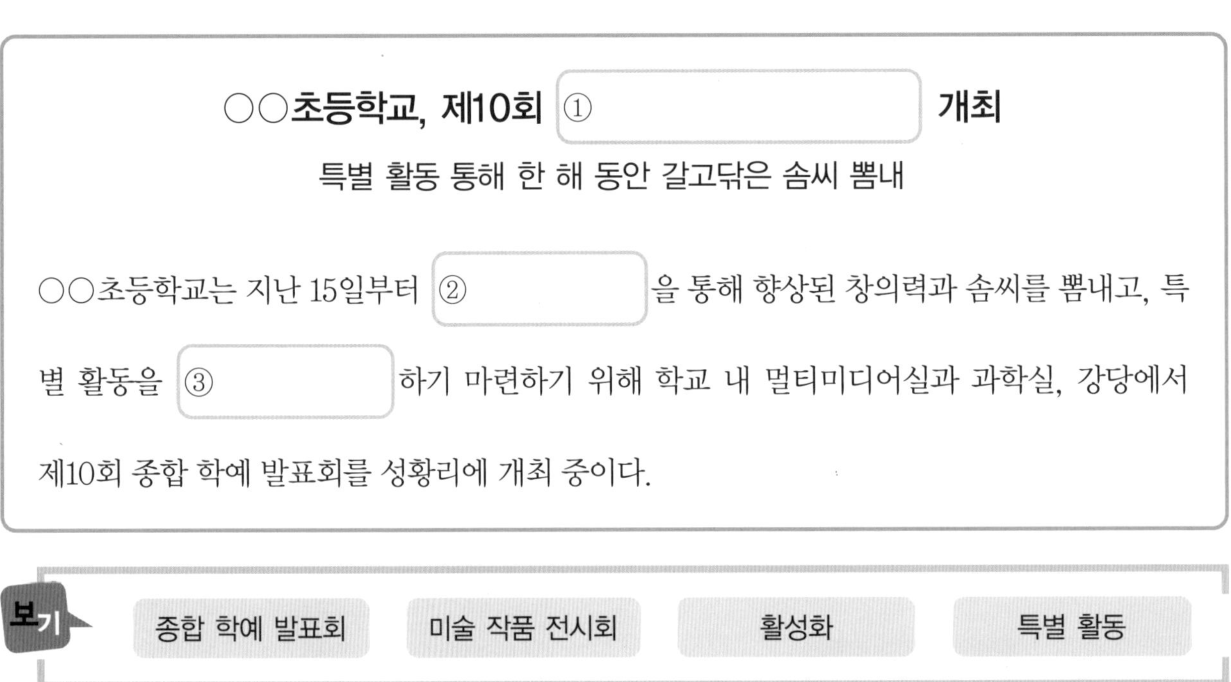

○○초등학교, 제10회 ① ______ 개최

특별 활동 통해 한 해 동안 갈고닦은 솜씨 뽐내

○○초등학교는 지난 15일부터 ② ______ 을 통해 향상된 창의력과 솜씨를 뽐내고, 특별 활동을 ③ ______ 하기 마련하기 위해 학교 내 멀티미디어실과 과학실, 강당에서 제10회 종합 학예 발표회를 성황리에 개최 중이다.

보기 종합 학예 발표회 | 미술 작품 전시회 | 활성화 | 특별 활동

2 다음은 앞의 글을 읽은 친구들의 대화입니다. 가장 타당한 의견을 내고 있는 친구는 누구인가요?

① 정보를 간결하면서도 정확하게 알려 주어 중요한 내용을 잘 알 수 있어.

② 글쓴이의 주장과 근거가 잘 나타나 있어.

③ 내용을 압축하여 나타내어 의미가 상징적으로 표현되어 있어.

④ 알리고자 하는 내용이 무엇인지 분명히 나타나 있지 않아.

꼼꼼히 집중하여 읽기

글의 갈래 | 설명하는 글

걸린 시간 | 분 초

오늘 읽어 볼 글입니다. 차근차근 잘 읽고, 문제를 풀어 보세요.

경상북도 경주시 국립 경주 박물관에는 통일 신라 시대의 범종인 성덕 대왕 신종이 있다. 봉덕사에 있었기 때문에 '봉덕사종'이라고도 하며, '에밀레 종소리'라는 전설 때문에 '에밀레종'이라고도 한다. 혜공왕이 종소리를 듣고, "이 세상에서 듣기 어려운 맑은 하늘의 소리이니 신종이라고 하라."고 명하여 '성덕 대왕 신종'으로 불리게 되었다고 한다.

성덕 대왕 신종은 높이 3.75미터, 둘레 2.27미터, 두께 11~25센티미터이고, 무게가 약 19톤이나 된다. 특히 몸체 표면에 꽃구름을 타고 옷자락을 휘날리며 향로를 받들고 내려오는 비천상 등이 새겨져 있어, 세계에 자랑할 만한 예술품으로 찬사를 받고 있다. 성덕 대왕 신종은 '납형법'이라는 우리나라 고유의 종 제조 방법을 이용해 30년에 걸쳐 만들었다. 납형법을 쓰면 종을 어떤 모양으로든 만들 수 있고, 종에 정교하게 섬세한 문양도 새겨 넣을 수 있다.

성덕 대왕 신종이 아름다운 소리를 내는 비결은 사실 '음통' 때문이다. 성덕 대왕 신종의 용머리 뒤쪽에는 내부가 비어 있는 음통이 있고, 그 아래 부분에 작은 구멍이 뚫려 있어 종의 몸체와 통하게 되어 있다. 그래서 나무로 종을 치면 몸통을 통해 음향 조절을 하여, 장중한 소리와 긴 여운을 만들어 내게 된다. 그러므로 성덕 대왕 신종의 소리가 아름다워 종을 만들 때에 쇳물에 어린아이를 넣었다는 것은 입에서 입으로 전해진 이야기일 뿐이다.

성덕 대왕 신종은 국보 제29호로 지정된 우리나라 최대의 범종이다. 규모나 독특한 제조 방법, 그윽하고 아름다운 종소리 등 세계 어느 나라 종과 견줄 수 없을 만큼 높은 평가를 받고 있다.

다음은 앞에서 읽은 글의 내용을 한눈에 볼 수 있도록 정리한 글밥지도입니다. 보기에서 알맞은 말을 골라 빈칸을 채워 보세요. 그리고 글에 알맞은 제목과 각 문단의 내용을 찾아 선으로 연결해 보세요.

무엇에 대해 설명했나요?

가 (빈칸)

경상북도 경주시 국립 경주 박물관	있는 곳
봉덕사종, 에밀레 종	또 다른 이름
높이 3.75미터, 둘레 2.27미터, 두께 11~25센티미터	크기
몸체 표면에 나 (빈칸) 이 새겨져 있다.	특징

제목과 문단

제목

글과 어울리는 제목을 찾아보세요.

어린아이를 넣어 만든 에밀레종	아름다운 종소리	국보 제29호 성덕 대왕 신종

알맞아!	관계없어!	범위가 좁아!

❶ 어린아이 ❷ 성덕 대왕 신종 ❸ 납형법 ❹ 전설
❺ 우리나라 최대의 범종 ❻ 이름 ❼ 비천상 ❽ 음통

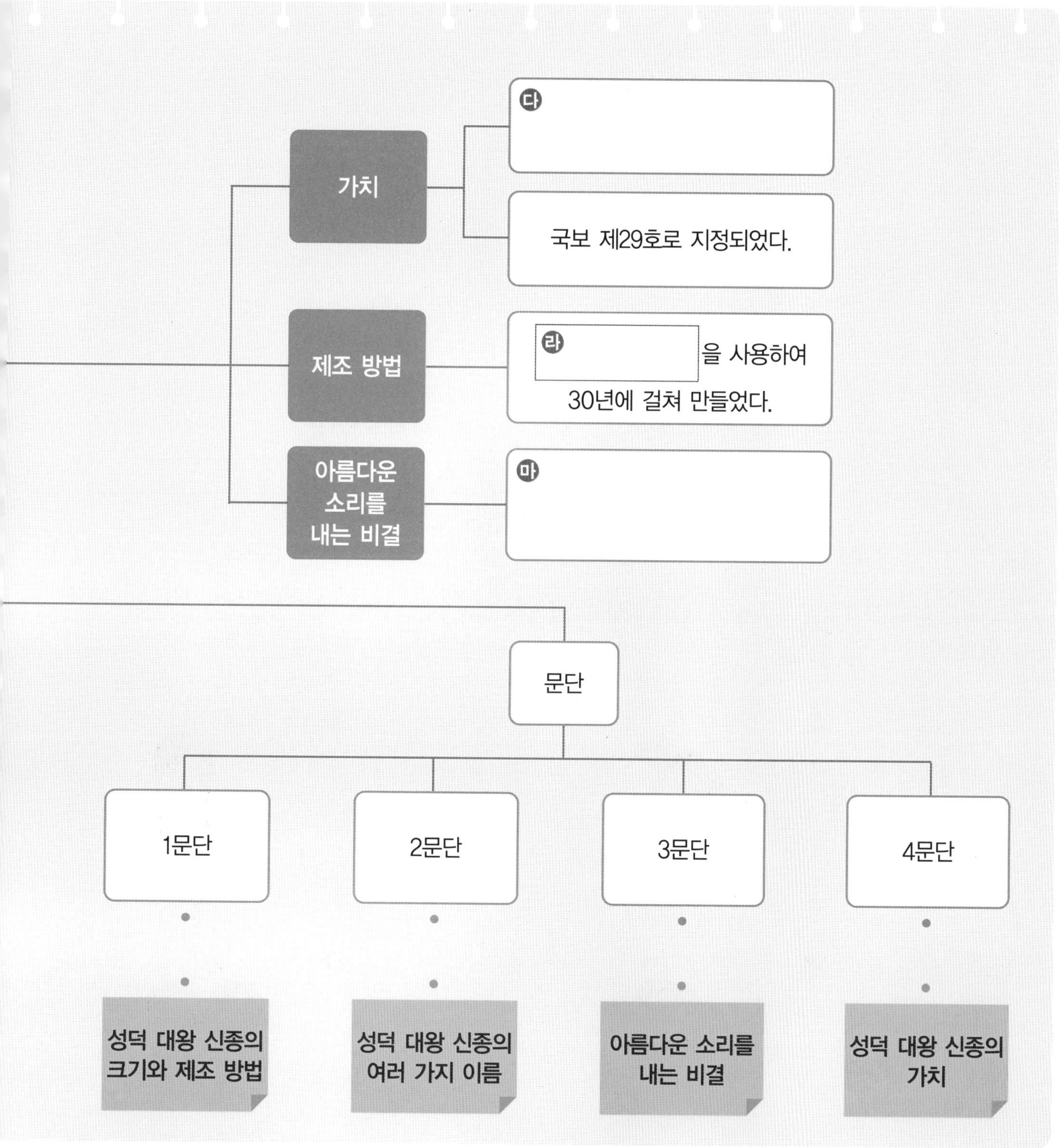

가치
- ㉰
- 국보 제29호로 지정되었다.

제조 방법
- ㉱ [   ]을 사용하여 30년에 걸쳐 만들었다.

아름다운 소리를 내는 비결
- ㉲

문단

1문단	2문단	3문단	4문단
성덕 대왕 신종의 크기와 제조 방법	성덕 대왕 신종의 여러 가지 이름	아름다운 소리를 내는 비결	성덕 대왕 신종의 가치

1 다음은 앞에서 읽은 글의 내용을 짜임에 따라 요약한 것입니다. 요약한 내용 중 바르지 않은 것을 골라 ∨표 해 보세요.

처음	① 경상북도 경주시 국립 경주 박물관에 있는 성덕 대왕 신종은 '봉덕사종', '에밀레종' 으로 불린다.	
가운데	② 성덕 대왕 신종은 높이 3.75미터, 둘레 2.27미터, 두께 11~25센티미터이고 무게는 약 19톤이다.	
	③ 성덕 대왕 신종은 '납형법'이라는 우리나라 고유의 방법을 이용해 만들었다.	
	④ 성덕 대왕 신종이 아름다운 소리를 내는 비결은 쇠에 넣는 뼈 때문이다.	
끝	⑤ 성덕 대왕 신종은 국보 제29호로 지정된 우리나라 최대의 범종이며, 세계 어느 나라 종과 견줄 수 없을 만큼 높은 평가를 받고 있다.	

2 다음은 앞의 글을 읽은 친구들의 대화입니다. 가장 타당하지 못한 의견을 내고 있는 친구는 누구인가요?

① 아름다운 종소리가 종을 만들 때 어린아이를 넣었기 때문이라는 것이 신기해.

② 우리만의 독특한 범종 제조 기술이 있다는 것이 자랑스러워.

③ 우리의 문화 유산을 보호하고 전통 문화를 사랑해야겠다는 생각이 들었어.

④ 성덕 대왕 신종은 세계적인 예술품으로 찬사를 받을 만한 가치가 있어.

꼼꼼히 집중하여 읽기

글의 갈래 | 설명하는 글

걸린 시간 | 분 초

오늘 읽어 볼 글입니다. 차근차근 잘 읽고, 문제를 풀어 보세요.

재생 에너지는 태양열, 태양광, 풍력, 수력, 조력처럼 자연 상태에서 만들어진 에너지로, 기후 변화 문제의 심화와 화석 에너지의 고갈 등으로 중요성과 비중이 점차 증가하고 있다.

태양 에너지는 태양열과 태양광을 이용한 에너지로 유지 보수 비용이 거의 들지 않으며 공해가 없고, 시설의 수명이 매우 길다는 장점이 있다. 그러나 초기 시설 비용이 비싸다는 단점이 있다.

풍력 에너지는 바람의 힘으로 발전기를 가동시켜 전기를 만들어 내는 원리를 이용한다. 바람 에너지는 태양 발전과 마찬가지로 유지 보수가 쉽고, 그 비용이 저렴하며 매우 친환경적이라는 장점이 있다. 반면에 바람의 세기나 속력이 느려지면 발전이 불가능하고, 반대로 바람의 세기나 속력이 너무 빠르면 발전기가 망가지는 단점이 있다.

수력 에너지는 강에 댐을 건설하여 물의 낙차를 이용한 발전이 주를 이루고 있다. 그러나 이미 수력 발전이 가능한 강에는 대부분 댐이 건설되었기 때문에 바다에서의 수력 발전을 위한 여러 방법들이 고안되고 있다.

마지막으로 조력 에너지는 파도의 힘을 이용하여 운동 에너지를 전기 에너지로 변화시키는 발전 방식이다. 우리나라의 동해안은 수심이 깊고, 파도 발생 빈도가 높아 조력 발전의 가능성이 크다.

재생 에너지는 깨끗할 뿐만 아니라 화석 에너지처럼 고갈될 염려가 없다는 장점이 있는 반면, 많은 양의 에너지를 필요로 하는 곳에서는 효율성이나 경제성이 떨어진다는 단점이 있다. 따라서 세계 여러 나라에서는 오랜 기간 사용할 수 있는 재생 에너지를 개발하기 위해 노력하고 있다.

다음은 앞에서 읽은 글의 내용을 한눈에 볼 수 있도록 정리한 글밥지도입니다. 보기에서 알맞은 말을 골라 빈칸을 채워 보세요. 그리고 글에 알맞은 제목과 글의 짜임을 찾아 선으로 연결해 보세요.

중심 소재는 무엇인가요?

㉮

- 뜻
  - ㉯
- 중요성
  - 기후 변화 문제의 심화
  - ㉰
- 장단점
  - 장점: 깨끗하고, 고갈될 염려가 없음
  - 단점: 효율성, ㉱ ______ 이 적음

제목

에너지의 종류	재생 에너지의 장점과 단점	재생 에너지의 종류와 특징
알맞아!	관계없어!	범위가 좁아!

❶ 재생 에너지 ❷ 자연 상태에서 만들어진 에너지 ❸ 파도의 힘 ❹ 바람의 힘
❺ 지열 에너지 ❻ 화석 에너지의 고갈 ❼ 경제성 ❽ 인공적으로 만들어진 에너지

종류

태양 에너지	태양광이나 태양열을 이용함
풍력 에너지	마 ( ) 을 이용함
수력 에너지	물의 낙차를 이용함
조력 에너지	바 ( ) 을 이용함

제목과 짜임

짜임

처음	가운데	끝
•	•	•
•	•	•
재생 에너지의 종류와 특징	재생 에너지의 개발 방향	재생 에너지의 중요성 증가

글의 처음, 가운데, 끝 부분에는 각각 어떤 내용이 담겨 있나요?

1 다음은 앞에서 읽은 글의 내용을 짜임에 따라 요약한 것입니다. 요약한 내용 중 바르지 않은 것을 골라 ∨표 해 보세요.

처음	기후 변화 문제의 심화와 화석 에너지의 고갈 등으로 재생 가능 에너지의 중요성과 비중이 점차 증가하고 있다.	
가운데	① 태양 에너지는 유지 보수 비용이 거의 들지 않으며 공해가 없고, 시설의 수명이 매우 길지만, 초기 시설 비용이 비싸다는 단점이 있다.	☐
	② 풍력 에너지는 유지 보수 비용이 저렴한 반면, 바람의 세기나 속력에 따라 발전이 좌우되는 단점이 있다.	☐
	③ 바다에서의 수력 발전을 위한 여러 방법들이 고안되고 있다.	☐
	④ 파도의 힘을 이용하여 운동 에너지를 전기 에너지로 변화시키는 조력 에너지는 우리나라의 서해안에서 가능성이 크다.	☐
끝	세계 여러 나라에서는 오랜 기간 사용할 수 있는 재생 에너지를 개발하기 위해 노력하고 있다.	

2 다음은 앞의 글을 읽은 친구들의 대화입니다. 가장 타당하지 못한 의견을 내고 있는 친구는 누구인가요?

① 우리 주위에 재생 가능한 에너지가 많다는 것을 알게 되었어.

② 자연 상태에서 만들어진 에너지는 모두 경제성이 높은 것 같아.

③ 세계 여러 나라들이 재생 에너지 개발을 위해 노력하고 있다니 든든해.

④ 미래를 위해서는 재생 에너지 개발에 많은 노력을 해야 할 것 같아.

17 꼼꼼히 집중하여 읽기

글의 갈래 | 시조

걸린 시간 | 분 초

오늘 읽어 볼 글입니다. 차근차근 잘 읽고, 문제를 풀어 보세요.

가마귀 눈비 맞아 희는 듯 검노매라.
야광명월(夜光明月)이야 밤인들 어두우랴.
임 향한 일편단심이야 변할 줄이 있으랴.

이 시조는 단종을 보살펴 달라는 세종의 부탁을 받은 단종의 왕위를 빼앗은 세조에게 저항하다가 죽음을 맞이하게 된 박팽년이 쓴 것입니다. 시조를 지금의 말로 풀이하면 다음과 같습니다.

까마귀(간사한 신하)가 눈비를 맞아 희어지는 듯 하나 다시 검어진다.
어둠을 비추는 밝은 달(충성스런 신하)이 밤(어려운 현실)이라고 해서 어두울까?
임금(단종)을 향한 굳은 충성심이야 변할 까닭이 있겠는가?

박팽년은 이 시조를 통해 세조가 지배하는 가혹한 현실 속에서도 단종을 향한 충성심은 변할 줄 모른다며 충성스런 신하의 굳은 절개를 표현하고 있습니다.

글밥지도 그리기

다음은 앞에서 읽은 글의 내용을 한눈에 볼 수 있도록 정리한 글밥지도입니다. 보기에서 알맞은 말을 골라 빈칸을 채워 보세요. 그리고 글에 알맞은 주제와 각 장의 내용을 찾아 선으로 연결해 보세요.

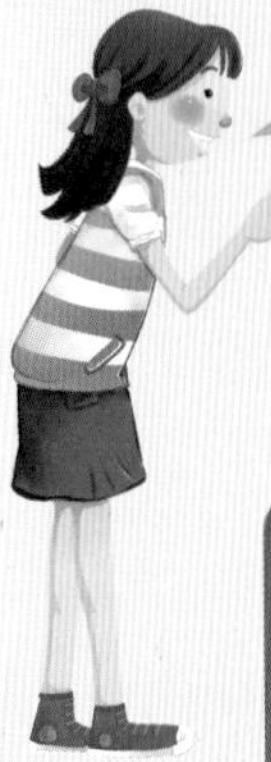
누구를 위해
쓴 시조인가요?

- 가 (   )
  - 지은이 — 나 (   )
  - 대조되는 표현 — 다 (   ) / 야광명월

주제

임금의 도리	신하의 절개	신하의 도리
•	•	•
•	•	•
알맞아!	관계없어!	범위가 좁아!

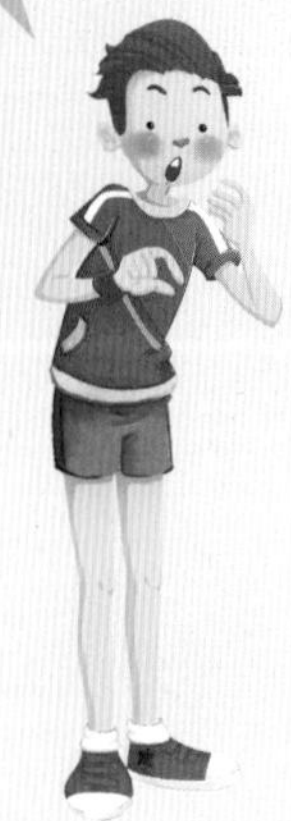
시조의 주제를
찾아보세요.

보기

❶ 야광명월 ❷ 낮 ❸ 박팽년 ❹ 간사한 신하
❺ 충성심 ❻ 까마귀 ❼ 단종 ❽ 충성스런 신하

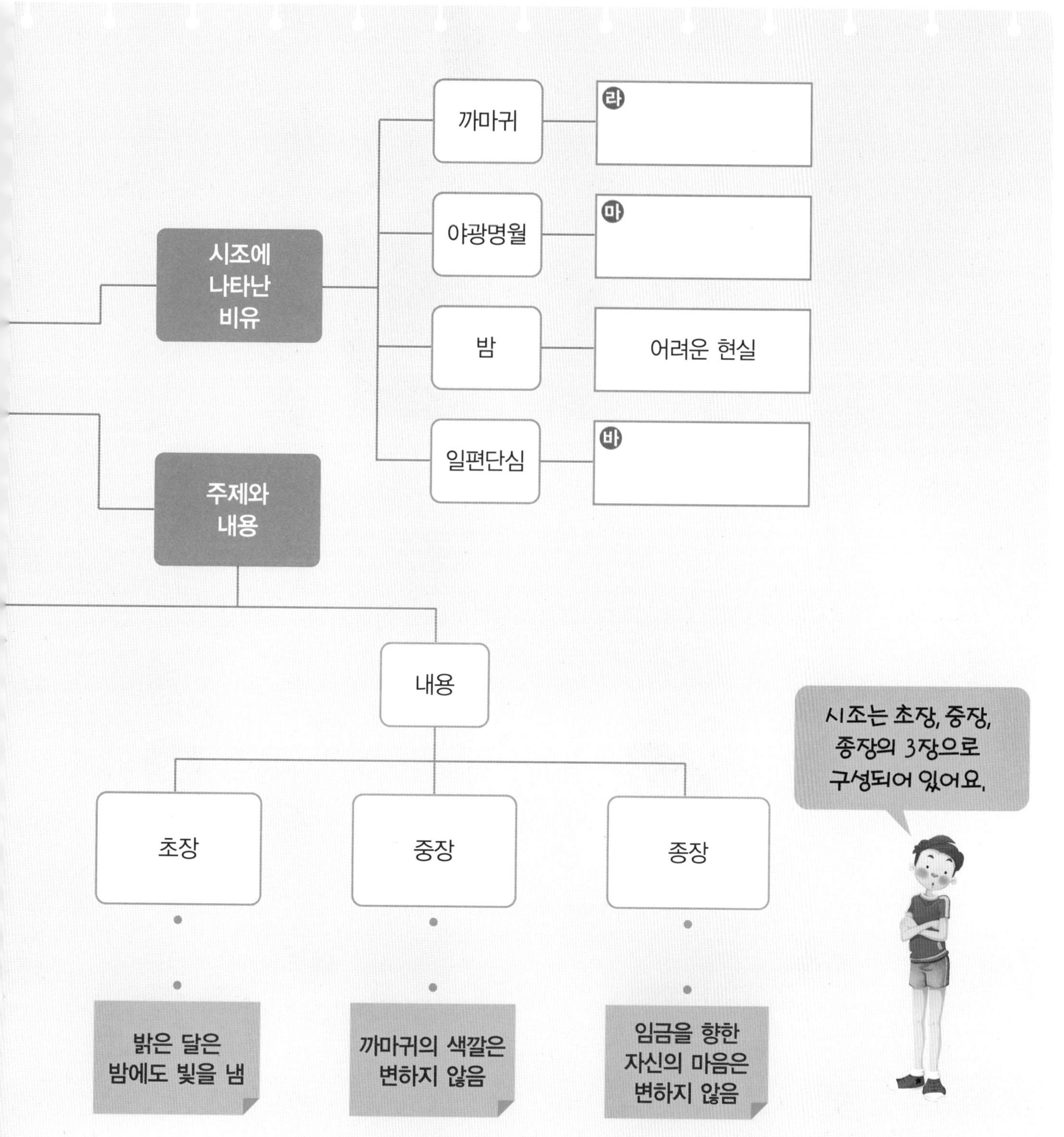

1 앞에서 읽은 글에는 단종에 대한 박팽년의 충성심이 잘 나타나 있습니다. 만약 단종이 이 시조를 읽었다면 어떤 생각을 했을까요? 모두 골라 ○표 해 보세요.

고맙다.		감동적이다.		괘씸하다.		든든하다.		외롭다.	

2 다음은 앞의 글을 읽은 친구들의 대화입니다. 가장 타당하지 못한 의견을 내고 있는 친구는 누구인가요?

① 지은이는 '까마귀'와 '야광명월'을 대조시켜 노래하고 있어.

② 지은이는 자신의 일편단심은 변하지 않는다고 굳은 절개를 노래하고 있어.

③ 흉내 내는 말을 다양하게 사용하여 생동감이 느껴져.

④ 표현하려는 대상을 비유적으로 노래하고 있어.

꼼꼼히 집중하여 읽기

글의 갈래 | **견학 기록문**

걸린 시간 | 분 초

오늘 읽어 볼 글입니다. 차근차근 잘 읽고, 문제를 풀어 보세요.

경남 창녕의 우포늪이 560억 원의 환경 가치를 가진다는 신문 기사를 보고, 우포늪이 얼마나 대단한 곳인가 하는 궁금증과 호기심이 생겨 주말에 가족과 함께 다녀왔다.

출발 전에 나는 우포늪사이버생태공원 누리집에서 가는 방법과 우포늪의 특징, 사는 동식물과 탐방 코스에 대해 미리 조사해 보았다.

우리 가족은 제일 먼저 우포늪 생태관을 찾았다. 이곳은 생태 환경을 보다 잘 이해할 수 있도록 우포늪에 대한 설명과 우포늪에 사는 동식물, 생태 환경 등에 관한 여러 개의 전시실로 구성되어 있었다. 각 전시실에는 입체 모형, 영상 등이 전시되어 있어 우포늪을 한눈에 볼 수 있어 좋았다.

다음으로 우리 가족은 제2탐방 코스를 가기로 하였다. 늪지 어귀에 들어서니 늪지를 가득 메운 개구리밥이 푸른 융단을 깐 듯 펼쳐져 있어 탄성을 자아내게 하였다. 개구리밥을 밀치고 군데군데 가시연꽃, 자라풀, 그리고 내가 이름을 알 수 없는 꽃과 풀 들이 자라고 있었다. 또한 쇠물닭, 물닭, 논병아리, 백로 같은 새들도 유유히 떠다니며 고개를 물속에 넣었다 빼었다를 되풀이하고 있었다.

아버지께서 우포늪은 우리나라에서 가장 큰 내륙 습지로, 다양한 생물들이 서식하고 있어 보존 가치가 높아 1998년 3월 2일 람사르 협약 보존 습지로 지정되었다고 말씀해 주셨다.

나는 우포늪을 떠나면서 세계인이 인정한 습지라는 것에 자부심을 느꼈다. 그리고 자연을 소중히 여기고 보존하려는 노력을 더 많이 해야겠다고 다짐했다.

다음은 앞에서 읽은 글의 내용을 한눈에 볼 수 있도록 정리한 글밥지도입니다. 보기 에서 알맞은 말을 골라 빈칸을 채워 보세요. 그리고 글에 알맞은 제목과 글의 짜임을 찾아 선으로 연결해 보세요.

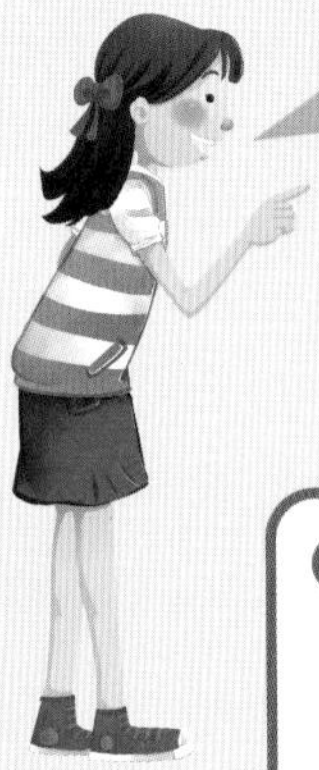

글쓴이가 견학한 곳은 어디인가요?

㉮ [ ]

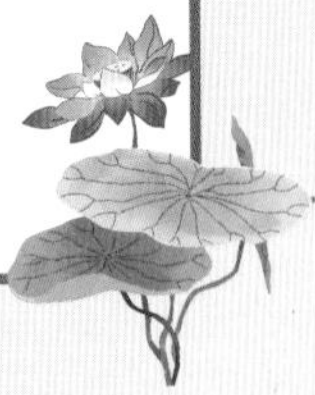

견학 동기	㉯ [ ] 를 보고, 호기심과 궁금증이 생겨서
위치	경남 창녕
출발 전 알아본 것	가는 방법, 우포늪의 특징, ㉰ [ ]
함께 간 사람	㉱ [ ]

제목

람사르 총회	생태계의 보물 창고, 우포늪	우포늪의 생물들
•	•	•
•	•	•
알맞아!	관계없어!	범위가 좁아!

❶ 선생님과 친구들 ❷ 가족 ❸ 신문 기사
❹ 자부심 ❺ 우포늪 ❻ 람사르 협약 보존 습지
❼ 여러 가지 꽃과 풀과 새들 ❽ 사는 동식물과 탐방 코스

제목과 짜임

- 본 것
  - 우포늪 생태관 — 입체 모형, 영상 등이 전시되어 있는 전시실
  - 제2탐방 코스 — 마 (   )
- 들은 것
  - 우포늪이 바 (   ) 로 지정되었다.
- 느낌과 다짐
  - 세계인이 인정한 습지라는 것에 사 (   ) 을 느꼈다.
  - 자연을 소중히 여기고 보존해야겠다.

짜임

처음	가운데	끝
•	•	•
•	•	•
우포늪을 떠나면서 느낀 점	우포늪에서 보고 들은 것	출발 동기와 견학 목적

1 다음은 앞에서 읽은 견학 기록문의 내용을 요약하여 우포늪을 소개하는 글입니다. 빈칸에 들어갈 알맞은 말을 보기에서 찾아 답해 보세요.

560억 원의 환경 가치를 가지는 경남 창녕의 우포늪을 소개합니다. 먼저 우포늪 생태관은 우포늪에 대한 설명과 우포늪에 사는 동식물, 생태 환경 등에 관한 여러 개의 전시실로 구성되어 있습니다. 또한 제2코스를 통해 다양한 동물과 식물을 직접 만나 볼 수 있습니다.

우포늪은 우리나라에서 가장 큰 ① ( ) 로 다양한 생물들이 서식하고 있어 보존 가치가 높아 1998년 3월 2일 ② ( ) 보존 습지로 지정되었다고 하니 꼭 한번 방문해 보기 바랍니다.

보기

내륙 습지	연안 습지	람사르 협약	바젤 협약

2 다음은 앞의 글을 읽은 친구들의 대화입니다. 가장 타당하지 못한 의견을 내고 있는 친구는 누구인가요?

① 습지를 잘 보호해야겠다는 생각이 들었어.

② 습지에는 다양한 생물이 살고 있다는 것을 알게 되었어.

③ 우포늪이 560억 원의 환경 가치를 가진다니 정말 대단해.

④ 습지는 쓸모 없는 곳이므로 매립하여 농경지로 쓰는 것이 좋다고 생각해.

꼼꼼히 집중하여 읽기

글의 갈래 | 주장하는 글

걸린 시간 | 분 초

오늘 읽어 볼 글입니다. 차근차근 잘 읽고, 문제를 풀어 보세요.

가정이나 음식점에서 하루에 발생하는 음식물 쓰레기는 1만 1,237톤, 1년에 발생하는 음식물 쓰레기는 약 410만여 톤으로 무려 8톤 트럭 1,400여 대분에 달한다. 음식물 쓰레기는 전체 쓰레기의 30퍼센트를 차지하고, 이 중에서 95퍼센트는 매립되고, 2.5퍼센트는 소각 처분되며, 음식물 쓰레기 발생량의 2.1퍼센트만이 가축 먹이 및 퇴비로 재활용되고 있다. 음식물 쓰레기가 발생함으로써 생기는 경제적 손실과 환경적 피해는 어마어마하다.

먼저, 버려지는 음식물 쓰레기를 돈으로 계산하면 연간 수조 원에 이른다. 또, 쓰레기를 처리하는 데에 4천억 원 이상의 비용이 따로 들어간다. 결국 음식물 쓰레기를 줄이면 연간 수조 원의 경제적 이익을 얻을 수 있다.

또한 환경적 피해도 막대하다. 음식물 쓰레기를 매립 처리하게 되면 여러 가지 화합물에 의한 악취가 나며, 파리, 모기 등의 해충도 생기게 된다. 그리고 자칫 매립지를 잘못 관리하면 대기, 수질, 토양, 지하수 오염 문제까지 발생하게 된다.

그러므로 음식물 쓰레기를 줄이기 위해 우리 모두 다음과 같은 노력을 해야 한다.

첫째, 식단을 짠 뒤 꼭 필요한 식품만을 적당히 구입한다.

둘째, 음식을 만들 때 먹을 양만큼만 알맞게 조리한다.

셋째, 음식점에서 먹고 남은 음식은 청결하게 포장하여 싸 온다.

넷째, 음식물 쓰레기를 거름으로 만들어 활용한다.

음식물 쓰레기를 줄이기 위해 작은 일 하나하나부터 시작하여 실천할 때 경제적 이익을 얻을 수 있을 뿐만 아니라, 환경을 살리고 지구를 살리는 길이 될 것이다.

다음은 앞에서 읽은 글의 내용을 한눈에 볼 수 있도록 정리한 글밥지도입니다. 보기에서 알맞은 말을 골라 빈칸을 채워 보세요. 그리고 글에 알맞은 제목과 각 문단의 내용을 찾아 선으로 연결해 보세요.

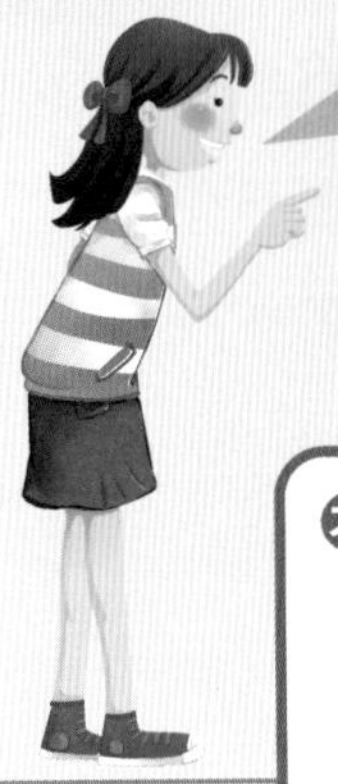

중심 소재는 무엇인가요?

가

문제점

나

쓰레기 처리에 4천억 원 이상의 비용이 사용됨

환경적 피해

악취 발생

해충 발생

대기, 수질, 토양 지하수 오염 문제

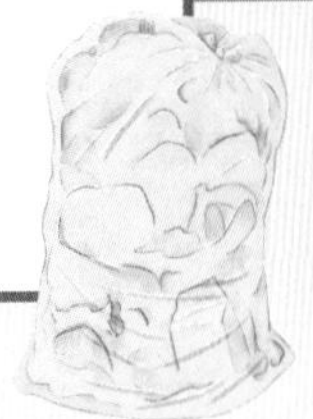

제목

글과 어울리는 제목을 찾아보세요.

음식물 쓰레기를 줄이는 방법	음식물 쓰레기의 문제 및 해결 방안	환경 오염의 심각성
알맞아!	관계없어!	범위가 좁아!

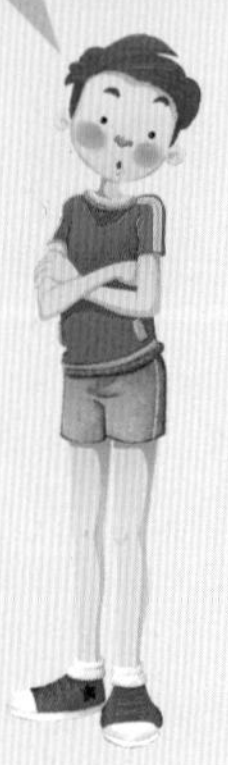

❶ 음식물 쓰레기를 줄이는 방안 ❷ 문화적 손실 ❸ 음식물 쓰레기
❹ 거름으로 활용하기 ❺ 경제적 손실 ❻ 환경적 피해
❼ 먹을 양만큼만 알맞게 조리하기 ❽ 넉넉히 준비하기

해결 방안
- 필요한 식품 적당히 구입하기
- 음식을 만들 때 ㉰
- 음식점에서 먹고 남은 음식 싸 오기
- ㉱

제목과 문단

문단

1문단	2문단	3문단	4~5문단
음식물 쓰레기로 인한 경제적 손실	엄청난 양의 음식물 쓰레기 발생	음식물 쓰레기를 줄이기 위한 방법과 주장	음식물 쓰레기로 인한 환경적 피해

1 다음은 글쓴이가 제기한 문제와 주장을 정리한 것입니다. 글쓴이가 어떤 주장을 내세웠는지 적고, 그 주장을 뒷받침해 줄 수 있는 근거로 적절한 것을 골라 ○표 해 보세요.

문제 제기	가정이나 음식점에서 하루에 발생하는 음식물 쓰레기의 양은 엄청나다.	
주장	가	
근거	① 버려지는 음식물 쓰레기를 돈으로 계산하면 연간 수조 원에 이른다.	
	② 음식물 쓰레기를 매립 처리하게 되면 악취가 나고 해충이 생긴다.	
	③ 매립지를 잘못 관리하면 대기, 수질, 토양, 지하수 오염 문제까지 발생하게 된다.	
	④ 음식물 쓰레기를 줄이기 위해서는 국가의 역할이 크다.	

2 다음은 앞의 글을 읽은 친구들의 대화입니다. 가장 타당하지 못한 의견을 내고 있는 친구는 누구인가요?

① 대부분의 음식물 쓰레기는 땅에 매립되고 있어 토양 오염이 심각해질 수 있어.

② 더 많은 음식물 쓰레기가 재활용되었으면 좋겠어.

③ 음식물 쓰레기를 줄이면 환경 오염도 줄일 수 있어.

④ 음식물 쓰레기는 땅에 묻는 게 가장 안전해.

꼼꼼히 집중하여 읽기

글의 갈래	광고하는 글
걸린 시간	분 초

오늘 읽어 볼 글입니다. 차근차근 잘 읽고, 문제를 풀어 보세요.

어린이날 최고의 선물 '엄청 휴대 전화' 드디어 출시!

무엇이든지 가능한 만능 휴대 전화, 요술쟁이 휴대 전화를 내 곁에!

휴대 전화 최초 풀 터치폰, 최신 디자인은 물론 웹 서핑까지 가능!
'엄청 휴대 전화'를 소개합니다.

하나, 한 손에 쏙 들어오는 아담한 몸체!
적당한 크기와 무게로 어린이의 손에서 미끄러지지 않아요.
둘, 내 맘대로 꾸미는 배경 화면!
자녀의 취향에 맞게 배경 화면을 꾸밀 수 있어요.
셋, 자녀의 안전을 책임지는 안전 서비스!
단축 버튼만 누르면 부모님에게 자녀의 위치를 알려주어요.
넷, 생활에 유용한 다양한 기능!
시간표 기능, 일기장, 기록장 등이 있어 다양한 정보를 기록할 수 있어요.

'최고 휴대 전화'에서는 볼 수 없는 다양한 기능!
세계 최초 '엄청 휴대 전화'을 사면 절대 후회하지 않을 것입니다.

다음은 앞에서 읽은 글의 내용을 한눈에 볼 수 있도록 정리한 글밥지도입니다. 보기에서 알맞은 말을 골라 빈칸을 채워 보세요. 그리고 알맞은 광고의 목적을 찾아 선으로 연결해 보세요.

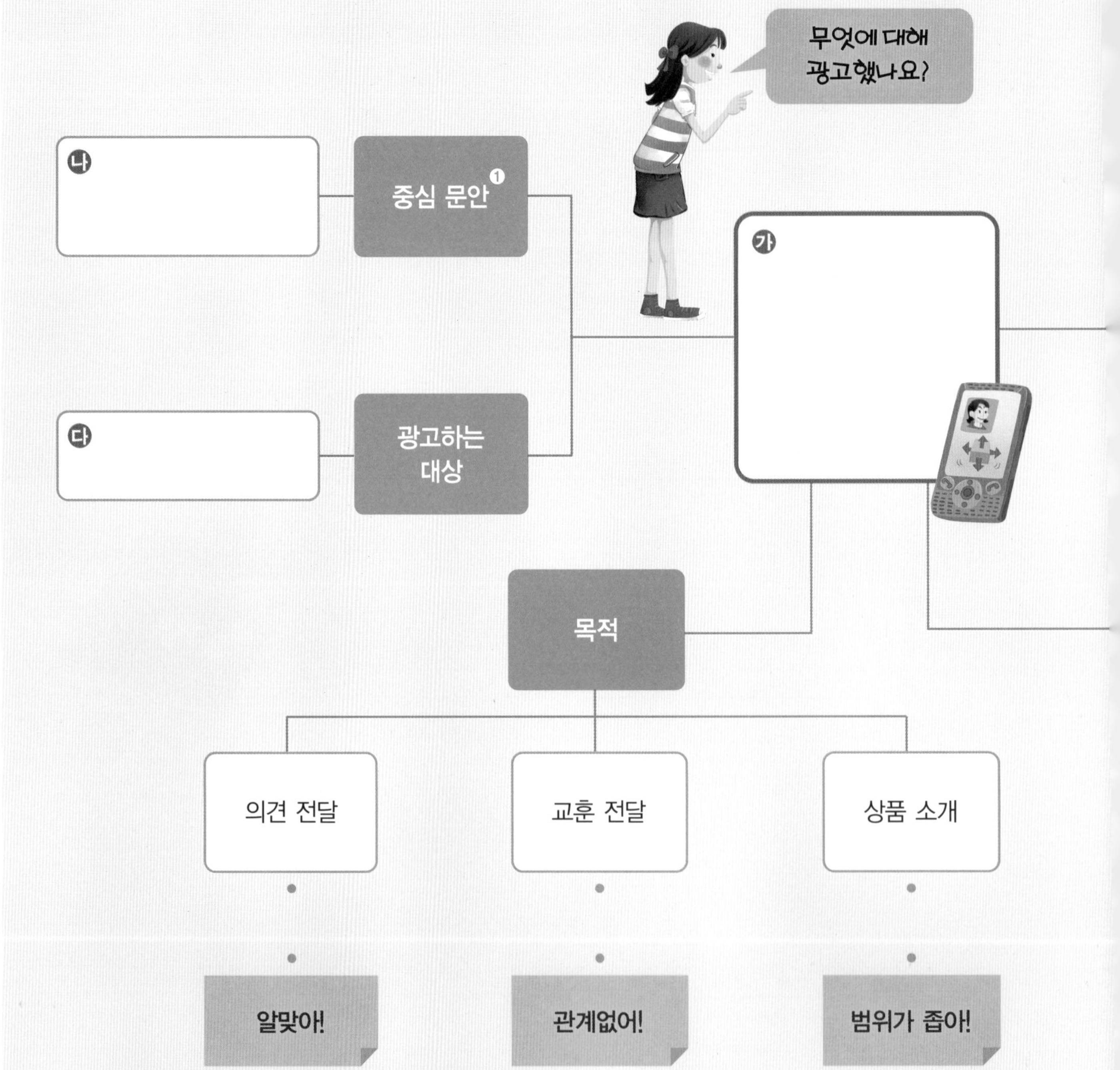

무엇에 대해 광고했나요?

가

나 | 중심 문안[1]

다 | 광고하는 대상

목적

의견 전달 | 교훈 전달 | 상품 소개

알맞아! | 관계없어! | 범위가 좁아!

❶ **중심 문안** : 인상적으로 기억에 남을 만한 하나의 짧은 문장

❶ 자녀를 둔 부모 ❷ 어버이날 선물을 고르는 자녀 ❸ 아담한 몸체 ❹ 엄청 휴대 전화
❺ 생활에 유용한 다양한 기능 ❻ 어린이날 최고의 선물 '엄청 휴대 전화' 드디어 출시!
❼ 무엇이든지 가능한 만능 휴대 전화, 요술쟁이 휴대 전화 ❽ 안전 서비스

상품의 특징

- 한 손에 쏙 들어오는 아담한 몸체
- 내 맘대로 꾸미는 배경 화면
- 자녀의 안전을 책임지는 ㉣ ______
- ㉤ ______

표현

- 다른 회사를 비방하는 표현 — '최고 휴대 전화'에서는 볼 수 없는 다양한 기능!
- 과장된 표현 — 세계 최초 '엄청 휴대 전화'를 사면 절대 후회하지 않을 것입니다.
- 소비자를 속이는 표현 — ㉥ ______

1 다음은 앞에서 읽은 광고하는 글의 문안을 정리한 것입니다. 사실인 문장에는 '사', 의견인 문장에는 '의'를 써 보세요.

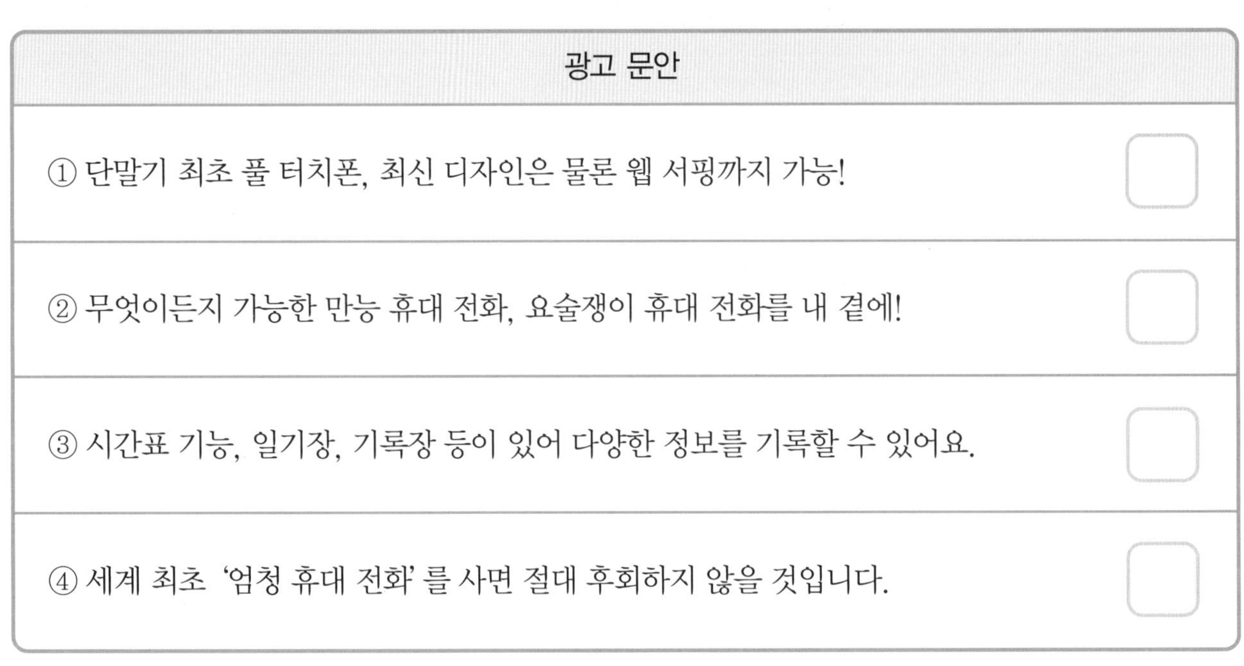

광고 문안	
① 단말기 최초 풀 터치폰, 최신 디자인은 물론 웹 서핑까지 가능!	
② 무엇이든지 가능한 만능 휴대 전화, 요술쟁이 휴대 전화를 내 곁에!	
③ 시간표 기능, 일기장, 기록장 등이 있어 다양한 정보를 기록할 수 있어요.	
④ 세계 최초 '엄청 휴대 전화'를 사면 절대 후회하지 않을 것입니다.	

2 다음은 앞의 글을 읽은 친구들의 대화입니다. 가장 타당하지 못한 의견을 내고 있는 친구는 누구인가요?

① 소비자를 속이는 표현은 없는지 잘 살펴보며 읽어야 해.

② 광고하는 글을 읽을 때에는 제품의 장점이 설명되어 있는지만 확인하면 돼.

③ 광고의 내용을 사실과 의견으로 나누어 보며 읽어야 해.

④ 상품의 단점은 무엇인지 잘 파악해야 해.

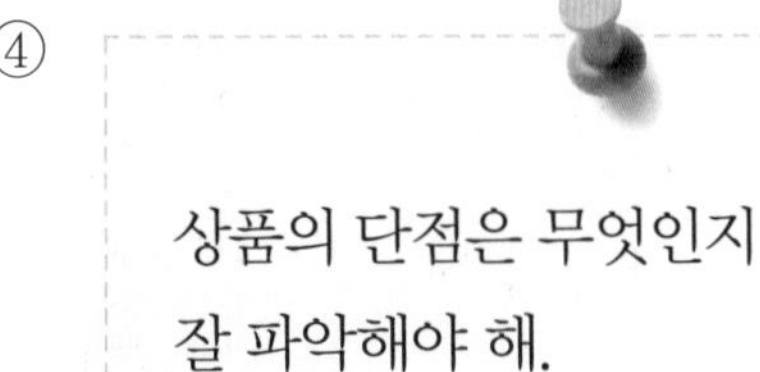

꼼꼼히 집중하여 읽기

글의 갈래	이야기 글
걸린 시간	분 초

오늘 읽어 볼 글입니다. 차근차근 잘 읽고, 문제를 풀어 보세요.

옛날에 어질고 슬기로운 모란꽃이 왕으로 있는 꽃의 나라가 있었습니다. 모란꽃은 꽃이 크고, 탐스러운데다 아름다워 여러 꽃들이 곁에서 왕을 모시겠다고 모여들었습니다. 젊고 아름다운 장미꽃이 모란꽃 앞으로 나와 자신만만하게 말하였습니다.

"저는 장미라 합니다. 아마 임금님께서는 저만큼 아름다운 꽃을 보신 적이 없을 것입니다. 저의 아름다움과 그윽한 향기로 임금님을 늘 곁에서 모시며 충성을 다하고 싶습니다. 부디 허락해 주십시오."

이 때 또 다른 꽃 하나가 모란꽃 앞으로 나왔습니다. 하얀 머리에 허리가 굽어 지팡이로 겨우 몸을 지탱한 볼품없는 모습의 할미꽃이었습니다.

"임금님, 저는 성밖 산기슭에 사는 할미꽃입니다. 임금님께서는 세상에 부러울 것이 없으며, 충성스런 신하도 많을 것입니다. 저는 비록 나이가 많고 힘이 없지만, 다양한 경험을 가지고 있습니다. 제 뜻을 저버리지 마시고, 저의 충성을 받아 신하로 삼아 주십시오."

모란꽃은 아름답고 젊은 장미꽃과 늙은 할미꽃을 비교하면서 망설였습니다. 모란꽃의 마음이 장미꽃 쪽으로 점차 기우는 듯하였습니다. 그 때 할미꽃이 말하였습니다.

"제가 온 것은 임금님께서 슬기롭다는 소문을 들었기 때문인데, 이제 보니 그렇지 않군요. 옛날부터 나이 많은 신하를 가까이하여 훌륭한 정치를 아니한 임금이 없었으며, 듣기 좋은 말만 잘 하는 신하를 가까이하여 망하지 않은 임금이 없었습니다. 임금님께서는 어떤 신하를 택하시겠습니까?"

할미꽃의 이야기를 들은 모란꽃은 비로소 크게 깨우치고, 할미꽃의 손을 잡으며 말했습니다.

"내가 어리석었구나."

다음은 앞에서 읽은 글의 내용을 한눈에 볼 수 있도록 정리한 글밥지도입니다. 보기에서 알맞은 말을 골라 빈칸을 채워 보세요. 그리고 글에 알맞은 제목과 이야기의 구성을 찾아 알맞게 선으로 연결해 보세요.

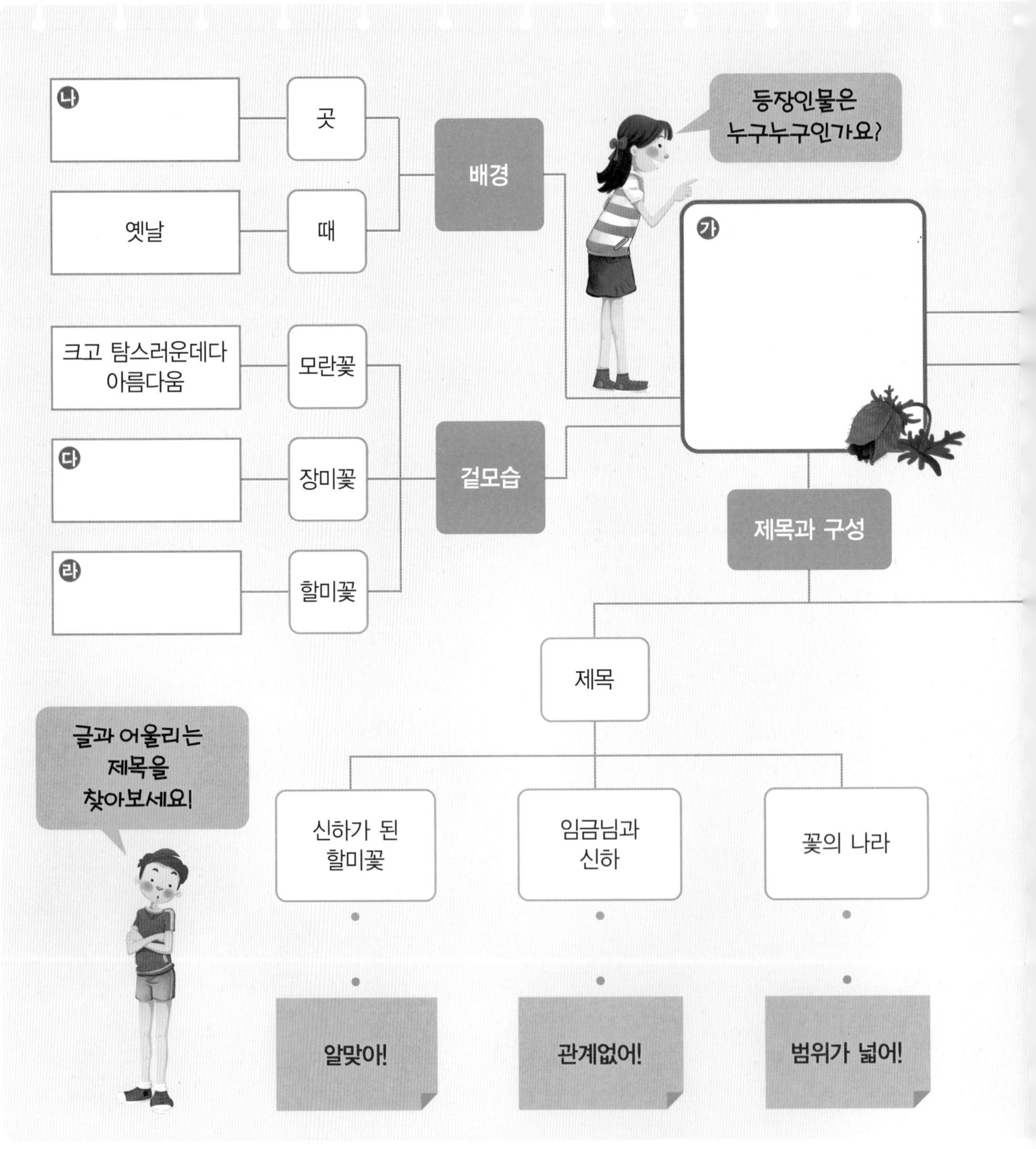

등장인물은 누구누구인가요?

가 (빈칸)

배경
- 곳: 나 (빈칸)
- 때: 옛날

겉모습
- 모란꽃: 크고 탐스러운데다 아름다움
- 장미꽃: 다 (빈칸)
- 할미꽃: 라 (빈칸)

제목과 구성

제목

글과 어울리는 제목을 찾아보세요!

신하가 된 할미꽃	임금님과 신하	꽃의 나라
•	•	•
•	•	•
알맞아!	관계없어!	범위가 넓어!

❶ 하얀 머리에 허리가 굽었음 ❷ 할미꽃 ❸ 어질고 슬기로움
❹ 모란꽃, 장미꽃, 할미꽃 ❺ 충성스럽고 겸손함 ❻ 장미
❼ 꽃의 나라 ❽ 젊고 아름다움

성격
- 모란꽃 — ㉤
- 장미꽃 — 잘난 체하며 뽐내고 건방짐
- 할미꽃 — ㉥

모란꽃이 선택한 신하 — ㉦

등장인물들의 말과 행동을 살펴보면 성격을 알 수 있어요.

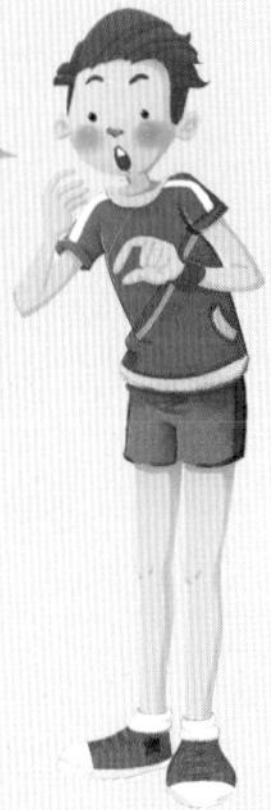

구성

발단	전개	위기	절정	결말
장미꽃과 할미꽃이 자신을 신하로 삼으라고 부탁함	모란꽃의 신하가 되겠다며 꽃들이 모여듦	모란꽃이 장미꽃과 할미꽃을 비교하며 망설임	모란꽃이 할미꽃을 신하로 받아들임	장미꽃에게 마음이 기운 모란꽃에게 할미꽃이 충고함

1 내가 만약 모란꽃의 신하가 되기 위해 꽃의 나라에 간다면 모란꽃에게 뭐라고 말하고 싶나요? 장미꽃과 할미꽃이 되어 각각 생각해 보고, 말풍선 안에 써 보세요.

2 다음은 앞의 글을 읽은 친구들의 대화입니다. 가장 타당하지 못한 의견을 내고 있는 친구는 누구인가요?

① 이 이야기는 충성스럽고 정직한 신하를 가까이해야 한다는 것을 빗대어 말한거야.

② 겉모습이 예쁘면 마음도 예쁘다고 생각해.

③ 내가 모란꽃 임금이라도 누구를 신하로 뽑아야 할지 판단하기 힘들 것 같아.

④ 임금님이 선뜻 대답하지 못하고 망설였을 때 할미꽃은 실망했을 것 같아.

꼼꼼히 집중하여 읽기

글의 갈래	토론하는 글
걸린 시간	분 초

오늘 읽어 볼 글입니다. 차근차근 잘 읽고, 문제를 풀어 보세요.

강동식 : 의견을 말할 때에는 주장과 근거를 분명히 밝혀 주시고, 다른 사람의 말을 끝까지 들어 주십시오. 네, 김혜수 학생 먼저 말씀해 주십시오.

김혜수 : 저는 초등학생은 휴대 전화를 사용하지 않아야 한다고 생각합니다. 왜냐하면 수업 시간에도 다른 친구와 문자를 주고받느라 선생님 말씀에 집중하지 못하기 때문입니 다.

강동식 : 네, 다음은 한가람 학생 말씀해 주십시오.

한가람 : 저는 초등학생이 휴대 전화를 사용해도 된다고 생각합니다. 왜냐하면 친구와 의사소통을 잘할 수 있기 때문입니다. 친구와 문자를 주고받으면서 고민을 이야기하거나 충고도 해 줄 수 있기 때문입니다.

강동식 : 유선경 학생의 생각은 어떠한지 말씀해 주십시오.

유선경 : 저는 한가람 학생 의견에 동의합니다. 휴대 전화를 가지고 있으면 사고를 예방할 수 있고, 부모님께 연락하여 위기에 대처할 수 있기 때문입니다.

강용태 : 저는 무조건 반대합니다.

강동식 : 다음은 이동준 학생 말씀해 주십시오.

이동준 : 저는 초등학생이 휴대 전화를 사용하는 것에 반대합니다. 왜냐하면 휴대 전화는 값도 비쌀 뿐만 아니라, 새것으로 바꾸어 달라는 학생들이 많아 부모님께 경제적인 부담을 드리기 때문입니다.

박동건 : 휴대 전화는 기능이 많은 것이 좋습니다. 다양한 게임이나 놀이를 할 수 있기 때문입니다.

다음은 앞에서 읽은 글의 내용을 한눈에 볼 수 있도록 정리한 글밥지도입니다. 보기 에서 알맞은 말을 골라 빈칸을 채워 보세요. 그리고 알맞은 토론 주제를 찾아 선으로 연결해 보세요.

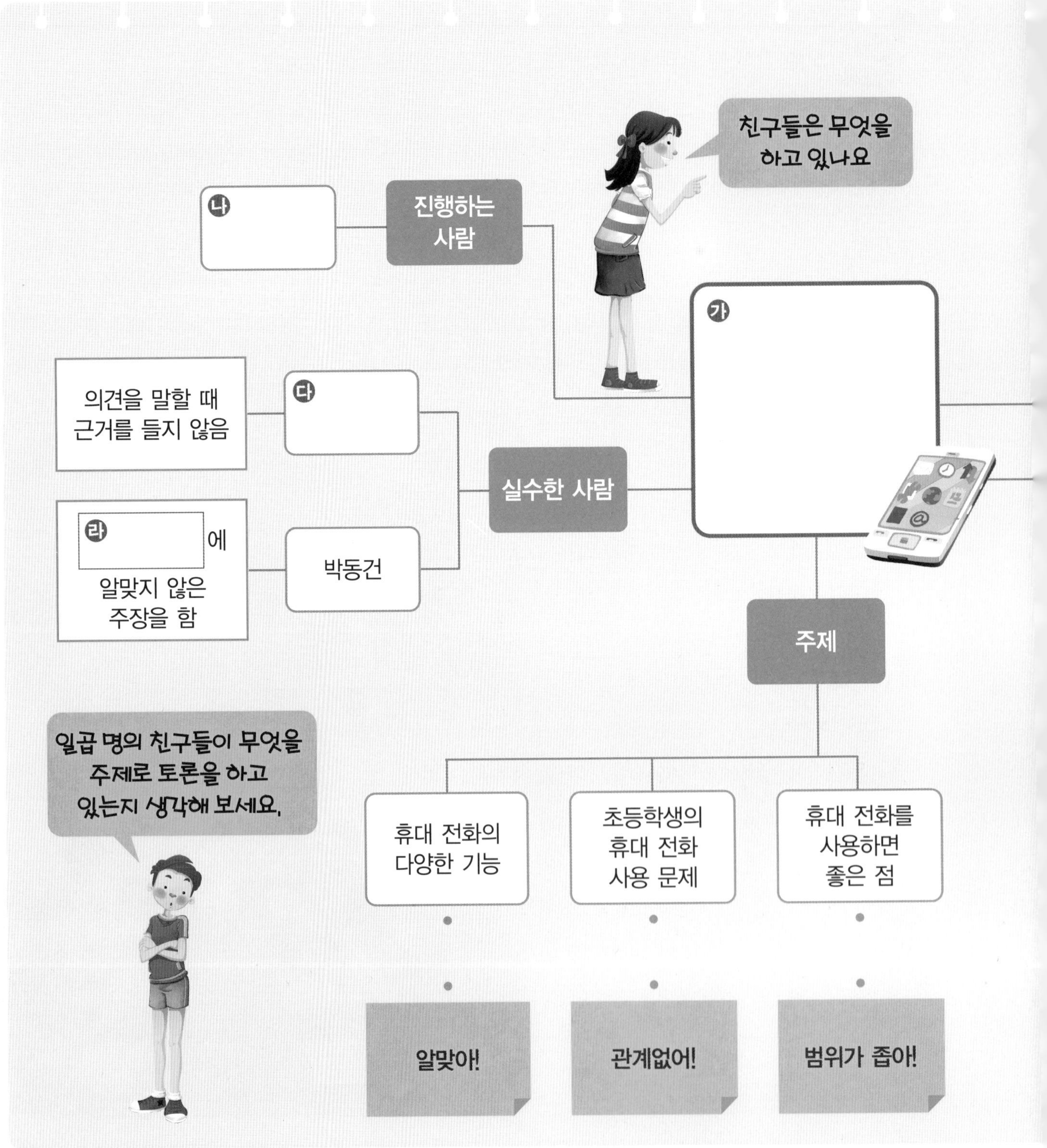

친구들은 무엇을 하고 있나요

- ㉮ (빈칸)
  - 진행하는 사람 — ㉯ (빈칸)
  - 실수한 사람
    - ㉰ (빈칸) — 의견을 말할 때 근거를 들지 않음
    - 박동건 — ㉱ (빈칸) 에 알맞지 않은 주장을 함
  - 주제

휴대 전화의 다양한 기능	초등학생의 휴대 전화 사용 문제	휴대 전화를 사용하면 좋은 점
알맞아!	관계없어!	범위가 좁아!

일곱 명의 친구들이 무엇을 주제로 토론을 하고 있는지 생각해 보세요.

보기

❶ 강용태 ❷ 강동식 ❸ 의견을 말할 때 근거를 들지 않음
❹ 주제 ❺ 토의 ❻ 토론
❼ 사고를 예방할 수 있고 ❽ 집중하지 못하기 때문에

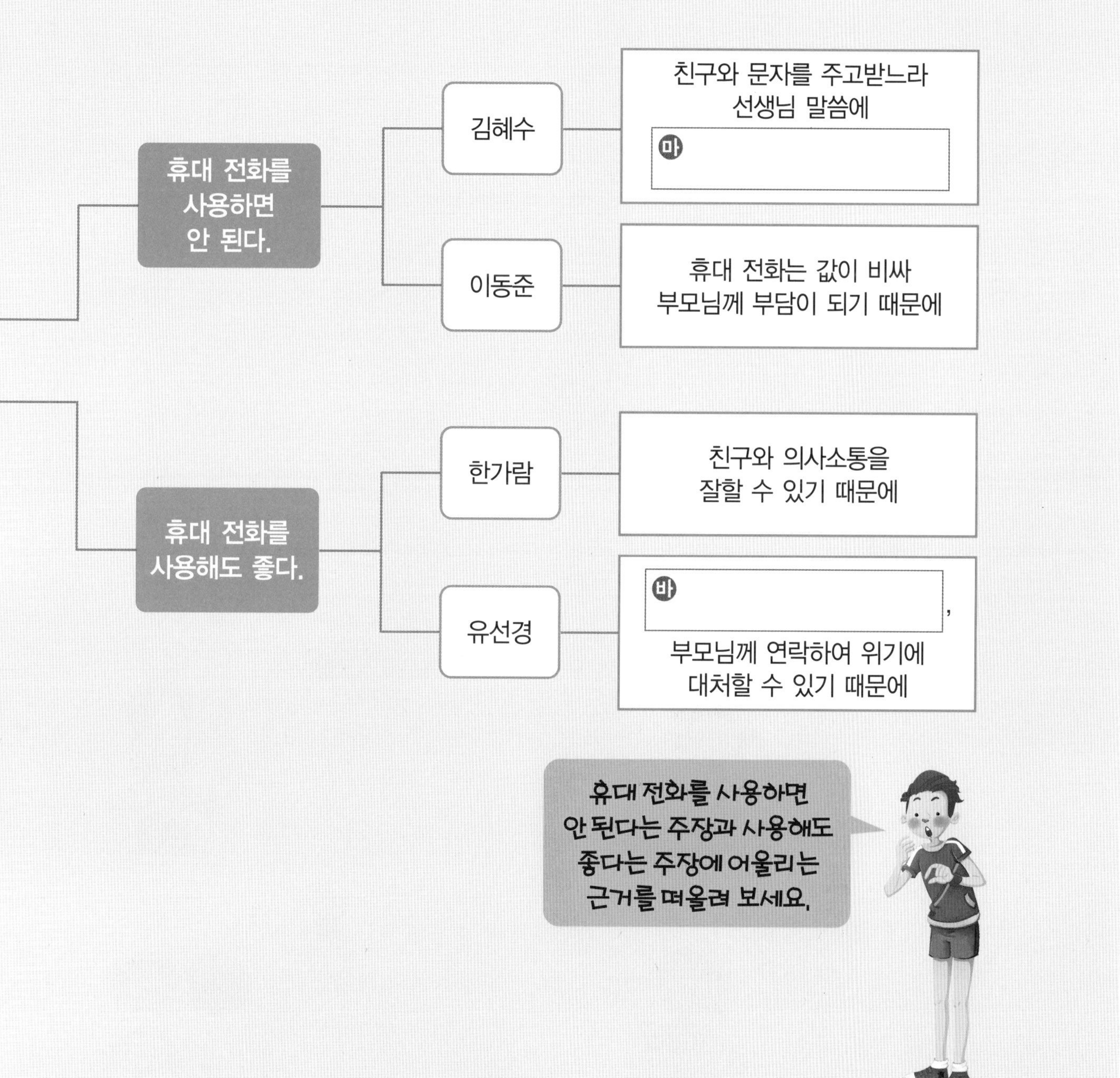

1 다음은 앞에서 읽은 글의 토론 내용을 정리한 것입니다. 토론 주제에 대해 친구들은 어떤 주장을 했나요? 각각의 주장을 뒷받침하는 근거로 바르지 않은 것을 찾아 ∨표 해 보세요

주장	휴대 전화를 사용하면 안 된다.	
근거	① 친구와 문자를 주고받느라 선생님 말씀에 집중하지 못한다.	☐
	② 휴대 전화는 값이 비싸 부모님께 부담이 된다.	☐

주장	휴대 전화를 사용해도 좋다.	
근거	③ 친구와 의사소통을 잘할 수 있다.	☐
	④ 새로운 모델이 자주 등장하여 새것으로 바꿀 수 있다.	☐

2 다음은 앞의 글을 읽은 친구들의 대화입니다. 가장 타당하지 못한 의견을 내고 있는 친구는 누구인가요?

① 주장을 말할 때에는 그렇게 생각하는 근거를 함께 말해야 해.

② 토론을 할 때에는 토론 규칙을 잘 지켜야 해.

③ 토론을 할 때는 주제에 대해 다양한 의견을 말하면 좋아.

④ 주장을 말할 때에는 토론 주제와 어울리는 것을 말해야 해.

꼼꼼히 집중하여 읽기

글의 갈래	소개하는 글
걸린 시간	분 초

오늘 읽어 볼 글입니다. 차근차근 잘 읽고, 문제를 풀어 보세요.

나는 ○○초등학교 6학년 김예슬이라고 해. 나는 전주에서 태어났지만, 지금은 서울에 살고 있어. 우리 가족은 아버지, 어머니, 언니, 나 이렇게 넷이야. 나는 여행을 좋아하는 아버지와 여행을 다니면서 많은 이야기를 나누었지. 그래서 마음이 잘 통하는 편이야. 어머니께서는 은행에 다니셔서 언니와 나는 학교에 다녀오면 스스로 간식을 챙겨 먹고 함께 공부해. 언니는 공부를 잘해서 내가 모르는 것을 자세히 설명해 줘.

내 성격은 밝고 명랑하며 적극적인 편이야. 그래서 처음 만나는 사람과도 쉽게 잘 사귀어 친구들이 많아. 그리고 학급 일도 앞장서서 하기 때문에 선생님께 칭찬도 자주 들어. 반면에 덤벙대고, 정리를 잘 못해서 어머니께 꾸중을 듣기도 해.

내 취미는 피아노 치기와 노래 부르기고, 특기는 그림 그리기야. 그림을 잘 그려서 미술 대회에 나가 큰 상도 여러 번 받았어. 나는 이다음에 어른이 되면 피카소나 고흐처럼 세상에 이름을 남기는 훌륭한 화가가 되어 사람들에게 기쁨을 주고 싶어. 그래서 그림을 좀 더 체계적으로 배우려고 일주일에 두 번씩 미술 학원에 다니고 있어.

지금까지 있었던 일 가운데 학교 대표로 그림 그리기 전국 대회에 나가 최우수상을 받은 일이 가장 기뻤고, 할머니께서 돌아가신 일이 가장 슬펐어. 할머니께서는 전주에 사셨기 때문에 방학 때마다 놀러 가서 언제든지 만날 수 있었는데, 지금은 그럴 수 없어서 너무 슬퍼.

다음은 앞에서 읽은 글의 내용을 한눈에 볼 수 있도록 정리한 글밥지도입니다. 보기에서 알맞은 말을 골라 빈칸을 채워 보세요. 그리고 자기소개를 하는 글에 알맞은 목적과 각 문단의 내용을 찾아 선으로 연결해 보세요.

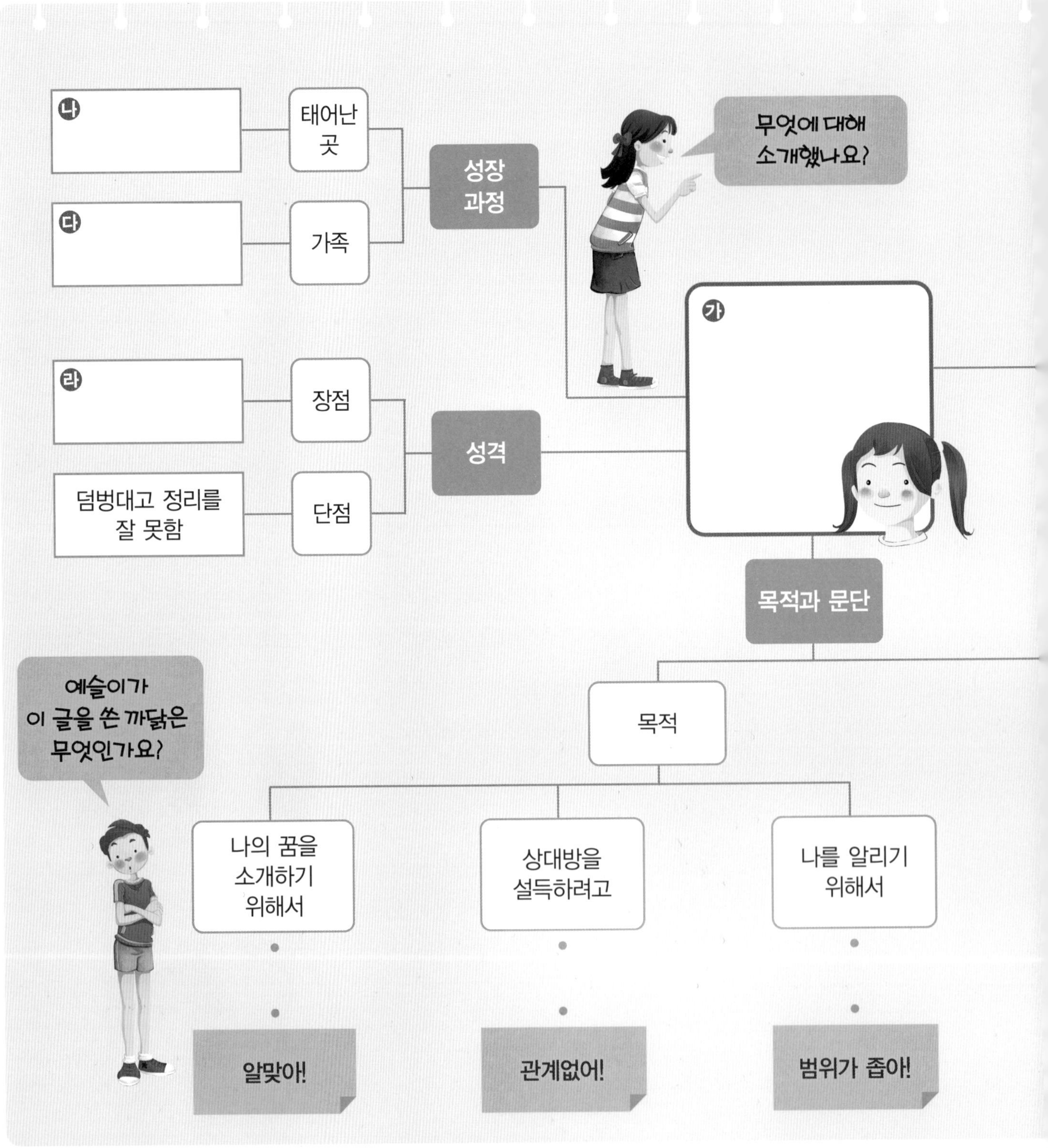

무엇에 대해 소개했나요?

- ㉮ (빈칸)
  - 성장 과정
    - 태어난 곳 — ㉯ (빈칸)
    - 가족 — ㉰ (빈칸)
  - 성격
    - 장점 — ㉱ (빈칸)
    - 단점 — 덤벙대고 정리를 잘 못함
  - 목적과 문단
    - 목적

예슬이가 이 글을 쓴 까닭은 무엇인가요?

나의 꿈을 소개하기 위해서	상대방을 설득하려고	나를 알리기 위해서
알맞아!	관계없어!	범위가 좁아!

보기

❶ 밝고 명랑하며 적극적임 ❷ 나 ❸ 전주 ❹ 할머니께서 돌아가신 일
❺ 덤벙대고 정리를 잘 못함 ❻ 피아노 치기 ❼ 아버지, 어머니, 언니, 나
❽ 그림 그리기

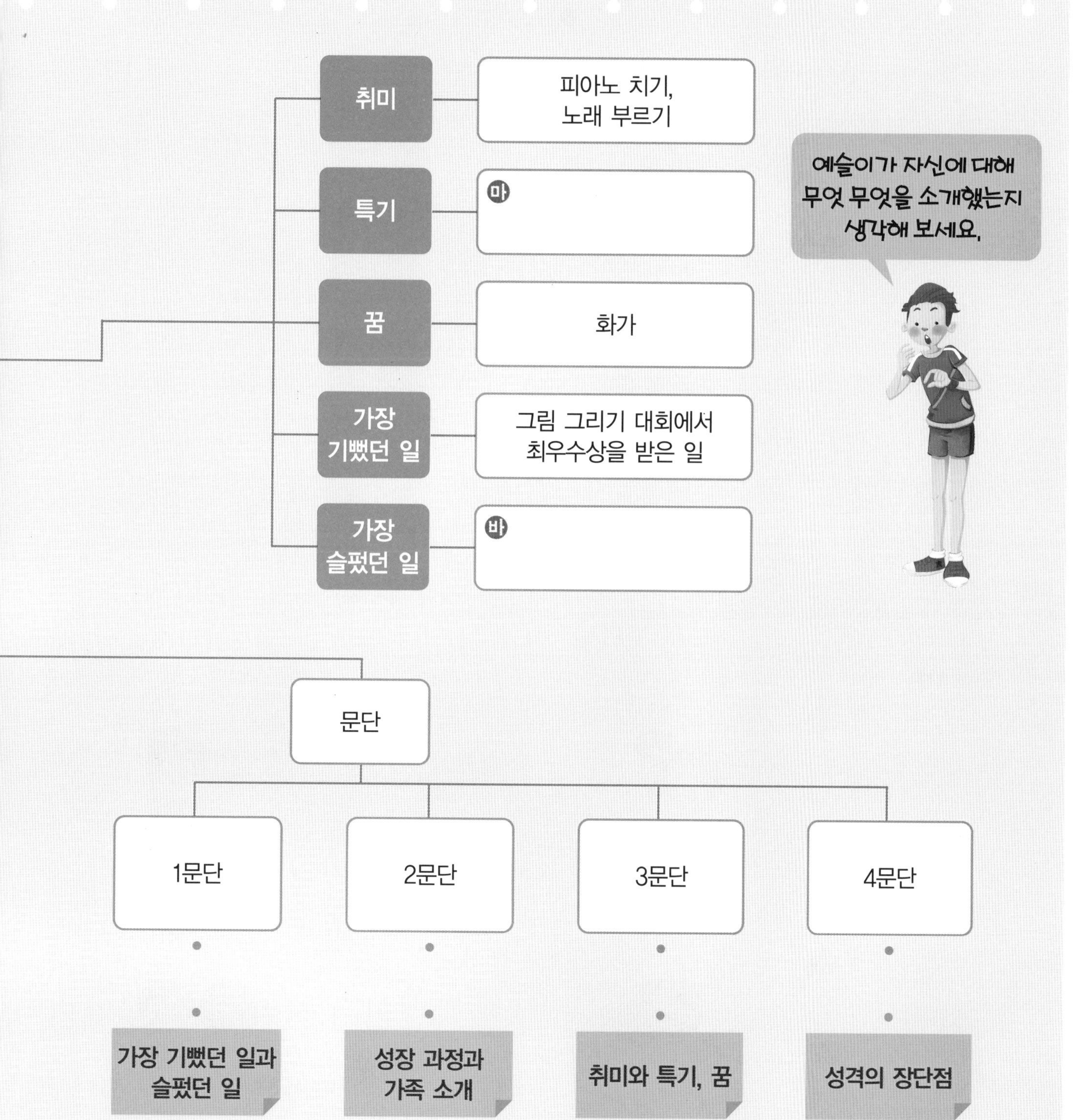

1 다음은 글쓴이가 자신의 가족에 대해서 자세하게 소개한 내용을 정리한 것입니다. 소개한 내용을 잘 읽고, 바르지 <u>못한</u> 것을 모두 찾아 ∨표 해 보세요.

예슬이의 가족 소개	
① 여행을 좋아하시는 아버지와 많은 대화를 나눈다.	☐
② 은행에 다니는 어머니와 가장 마음이 잘 통한다.	☐
③ 어머니는 직장 생활을 하시면서도 간식을 잘 챙겨 주신다.	☐
④ 언니는 공부를 잘해서 모르는 것이 있으면 자세히 설명해 준다.	☐
⑤ 할머니께서는 연세가 많으시지만, 아직 건강하시다.	☐

2 다음은 앞의 글을 읽은 친구들의 대화입니다. 가장 타당한 의견을 내고 있는 친구는 누구인가요?

① 이 글을 읽으면 예슬이의 가족과 특기에 대해 잘 알 수 있어.

② 소개하는 글을 쓸 때는 자신에 대해 조금 과장해도 괜찮아.

③ 예슬이는 자기 소개는 하지 않고 자랑만 하는 것 같아.

④ 한 번에 너무 많은 것을 소개하여 소개하는 사람에 대해 잘 알 수 없어.

꼼꼼히 집중하여 읽기

글의 갈래 | 기사문

걸린 시간 | 분 초

오늘 읽어 볼 글입니다. 차근차근 잘 읽고, 문제를 풀어 보세요.

민속놀이 체험의 날 행사 가져

민속놀이도 즐기고 가족 간에 사랑을 느끼는 일석이조의 기회

경기도 고양시 강선초등학교는 민속놀이를 하는 방법을 알고 즐기는 계기를 마련하기 위하여 지난달 5~8일에 걸쳐 특별한 '민속놀이 체험의 날' 행사를 학교 운동장에서 열었다. 화요일부터 금요일까지 열린 이 행사는 다양한 민속놀이를 반별, 학년별로 겨루어 우승을 정했다.

행사가 열리는 동안 투호, 줄넘기, 긴 줄넘기, 윷놀이, 비석치기, 팽이치기, 사방치기, 제기차기, 고리 던지기, 공기놀이, 딱지치기, 칠교놀이 등 12가지 경기가 반별, 학년별로 치루어졌다. 마지막까지 치열한 접전을 벌인 끝에 5학년 8반이 우승을 차지하였다.

여러 가지 다양한 민속놀이를 운동회처럼 구성하여 어린이들은 다른 반 친구들과 경기를 진행하는 내내 유쾌하고 즐거운 표정이었다.

민속놀이가 끝난 뒤에는 특별 행사로 전교생과 부모님들이 호수공원을 산책하며 이야기를 나누는 시간을 가졌다. 부모님과 자녀들이 마음속의 이야기를 나누면서 가족 간에 사랑을 느낄 수 있는 의미 있는 시간이 되었다며 모두 즐거워하였다.

다음은 앞에서 읽은 글의 내용을 한눈에 볼 수 있도록 정리한 글밥지도입니다. 보기 에서 알맞은 말을 골라 빈칸을 채워 보세요. 그리고 글에 알맞은 본문의 내용을 찾아 선으로 연결해 보세요.

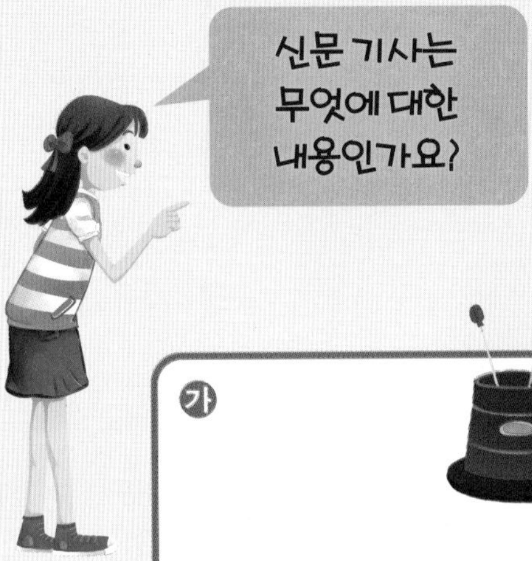

신문 기사는 무엇에 대한 내용인가요?

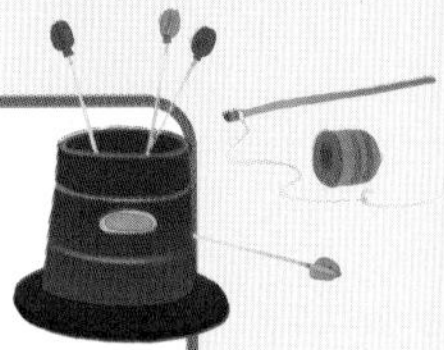

나

표제 ❶

부제 ❷

민속놀이도 즐기고 가족 간에 사랑도 느끼는 일석이조의 기회

제목

가

본문 ❹

처음

가운데

끝

민속놀이가 끝난 뒤의 행사

민속놀이를 즐기는 어린이들

민속놀이의 종류와 경기 결과

① 지난달 5~8일
② 학교 강당에서
③ 민속놀이를 하는 방법
④ 민속놀이를 운동회처럼 구성하여
⑤ 12가지 경기를 반별로 치루며
⑥ 민속놀이 체험 행사
⑦ 학교 운동장에서
⑧ 민속놀이 체험의 날 행사 가져

전문③

누가	강선초등학교
언제	다
어디서	라
무엇을	'민속놀이 체험의 날' 행사를
어떻게	반별, 학년별로 겨루어
왜	마 ______ 을 알고 즐기는 계기를 마련하기 위하여

육하원칙에 해당하는 내용을 신문 기사의 전문에서 찾아보세요.

① **표제** : 기사 내용을 압축한 큰 제목
② **부제** : 표제를 보충하는 작은 제목
③ **전문** : 사건과 상황을 육하원칙에 따라 요약하여 본문 앞에서 알려주는 부분
④ **본문** : 기사의 구체적인 내용을 상세히 알려주는 부분

1 다음은 기사문을 쓸 때 주의할 점을 정리한 것입니다. 바르지 않은 것을 찾아 ∨표 해 보세요.

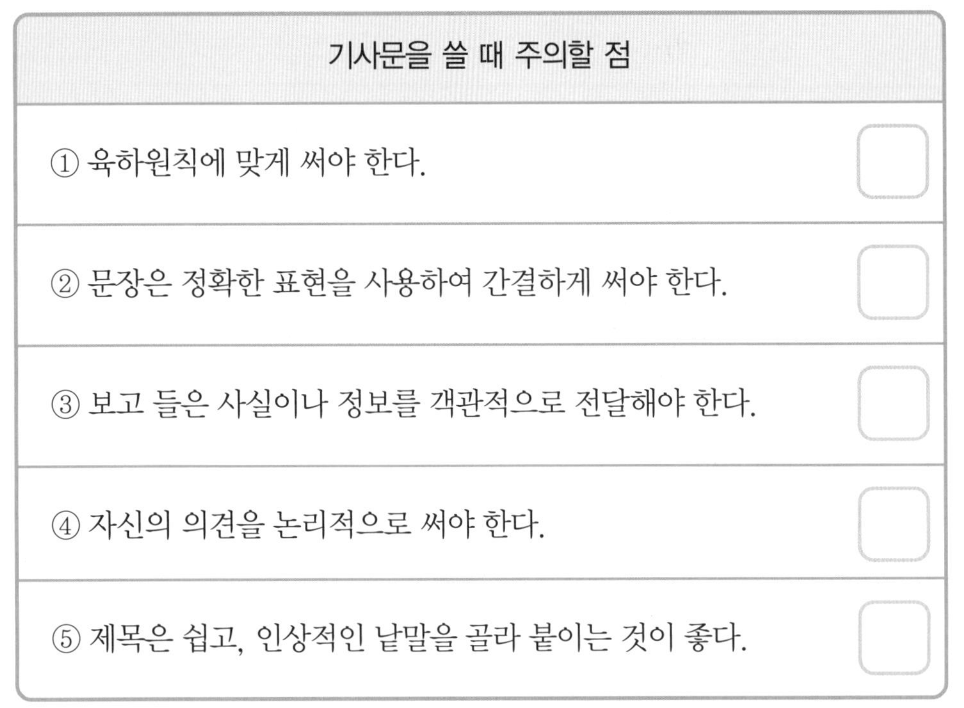

기사문을 쓸 때 주의할 점	
① 육하원칙에 맞게 써야 한다.	
② 문장은 정확한 표현을 사용하여 간결하게 써야 한다.	
③ 보고 들은 사실이나 정보를 객관적으로 전달해야 한다.	
④ 자신의 의견을 논리적으로 써야 한다.	
⑤ 제목은 쉽고, 인상적인 낱말을 골라 붙이는 것이 좋다.	

앞에서 읽은
기사문의 형식과 특징을
생각해 보세요.

2 다음은 앞의 글을 읽은 친구들의 대화입니다. 가장 타당하지 못한 의견을 내고 있는 친구는 누구인가요?

① 이 행사는 민속놀이를 체험할 수 있는 좋은 기회가 되었어.

② 내용이 지나치게 간결해서 무슨 내용인지 이해할 수가 없어.

③ 표제와 부제만 보고도 행사 날의 분위기가 어땠는지 짐작할 수 있어.

④ 간결한 문장으로 객관적인 사실만을 전달하고 있어.

꼼꼼히 집중하여 읽기

글의 갈래 | 설명하는 글

걸린 시간 | 분 초

오늘 읽어 볼 글입니다. 차근차근 잘 읽고, 문제를 풀어 보세요.

경주 불국사 대웅전 앞뜰에는 석가탑과 다보탑이 나란히 마주 보고 있다. 통일 신라 시대에 세워진 석가탑과 다보탑은 우리나라 탑 가운에 가장 아름다운 두 탑으로 손꼽힌다.

그런데 아름다운 두 탑에는 아사달과 아사녀의 슬픈 이야기가 전해지고 있다. 탑을 만들기 위해 백제에서 건너온 아사달의 아내 아사녀는 오랜 세월이 지나도록 남편이 돌아오지 않자, 서라벌로 건너온다. 아사녀는 석가탑이 완성되면 영지라는 연못에 탑의 그림자가 비칠 것이라는 말을 듣고, 날마다 영지 주변을 서성거렸지만 끝내 탑의 그림자가 떠오르지 않자, 크게 실망하여 영지에 뛰어들었다는 것이다. 다보탑은 아사녀가 아사달을 기다릴 때 영지에 그림자가 비쳤다고 해서 '유영탑', 석가탑은 끝내 그림자가 비치지 않았다고 해서 '무영탑' 또는 '불국사 3층 석탑'이라고 불린다.

석가탑과 다보탑은 아주 다른 느낌을 준다. 석가탑은 간결하면서도 직선적이라서 남성적인 느낌을 주고, 다보탑은 직선과 곡선이 화려하게 어우러져 여성스러운 아름다움을 느끼게 한다.

국보 제21호인 석가탑은 독특한 형태의 아름다운 다보탑과는 달리, 신라의 전형적인 석탑 형식을 따르고 있다. 1966년 문화재 관리국에서 석가탑을 해체, 복원하는 과정에서 세계에게 가장 오래된 목판 인쇄술로 밝혀진 '무구정광대다라니경'을 비롯하여 여러 가지 유물이 나왔다. 반면, 국보 제20호인 다보탑은 전형적인 신라 석탑 양식에서 벗어난 독특한 형태의 탑이다. 돌로 만들었다는 생각이 들지 않을 정도로 정교하고, 빼어난 조형미가 특징이다.

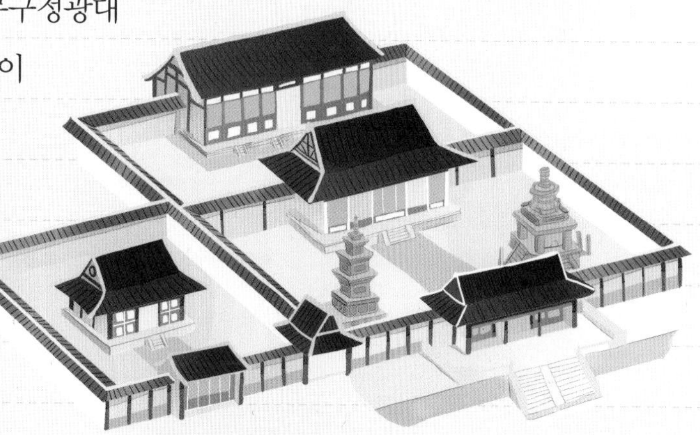

다음은 앞에서 읽은 글의 내용을 한눈에 볼 수 있도록 정리한 글밥지도입니다. 보기 속에서 알맞은 말을 골라 빈칸을 채워 보세요. 그리고 글에 알맞은 제목과 각 문단의 내용을 찾아 선으로 연결해 보세요.

무엇에 대해 설명하고 있나요?

㉮

석가탑

㉯ ______, 불국사 3층 석탑	달리 부르는 이름
간결하면서도 직선적인 ㉰ ______	탑의 느낌
국보 제21호	국보
신라의 전형적인 석탑 형식을 따름	특징
㉱ ______	발견된 유물

제목과 문단

제목

우리나라 탑의 걸작, 석가탑과 다보탑	아사달과 아사녀의 슬픈 사랑 이야기	우리 문화유산의 비밀
알맞아!	관계없어!	범위가 좁아!

① 유영탑
② 통일 신라 시대
③ 무구정광대다라니경
④ 남성적인 느낌
⑤ 여성스러운 아름다움
⑥ 경주
⑦ 석가탑과 다보탑
⑧ 무영탑

다보탑

달리 부르는 이름	마
탑의 느낌	직선과 곡선이 화려하게 어울린 바
국보	국보 제20호
특징	신라의 석탑 형식에서 벗어남

문단

1문단	2문단	3문단	4문단
아사달과 아사녀의 전설과 다보탑과 석가탑의 이름	석가탑과 다보탑이 있는 곳과 만들어진 시기	석가탑과 다보탑의 느낌	석가탑과 다보탑의 비교

1 다음은 석가탑과 다보탑의 공통점과 차이점을 정리한 것입니다. 정리한 내용을 잘 읽고, 바르지 않은 것을 모두 찾아 번호를 써 보세요.

		석가탑	다보탑
공통점	있는 곳	① 경주 석굴암 앞뜰	
	만들어진 때	② 통일 신라 시대	
차이점	느낌	③ 직선과 곡선이 화려하게 어우러져 여성스러운 아름다움	④ 간결하면서도 직선적이라서 남성적인 느낌
	국보	국보 제21호	국보 제20호
	탑의 형식	신라의 전형적인 석탑 형식을 따름	신라의 석탑 형식에서 벗어남

2 다음은 앞의 글을 읽은 친구들의 대화입니다. 가장 타당하지 못한 의견을 내고 있는 친구는 누구인가요?

① 조상들이 남겨 준 유물에는 우리 조상들의 얼과 슬기가 담겨 있어.

② 아사달과 아사녀의 이야기처럼 두 탑에는 많은 정성과 노력, 희생이 담겨 있어.

③ 조상들이 남겨 준 유물을 소중하게 여기고, 잘 보존하여 후세에게 물려주어야 해.

④ 많은 유물 가운데 세계적으로 인정받은 것만 유물로서 가치가 있어.

꼼꼼히 집중하여 읽기

글의 갈래	주장하는 글
걸린 시간	분 초

오늘 읽어 볼 글입니다. 차근차근 잘 읽고, 문제를 풀어 보세요.

㉮ 생일 파티는 패스트푸드점이나 레스토랑에서 하는 것보다 집에서 하는 것이 더 좋다고 생각합니다.

왜냐하면 첫 번째, 생일 파티를 집에서 하면 훨씬 적은 돈으로 많은 음식을 준비할 수 있기 때문입니다. 그래서 친구들을 더 많이 초대할 수 있습니다.

두 번째, 어머니의 정성이 담긴 음식을 먹을 수 있어 건강에도 좋습니다. 밖에서 먹는 음식에는 식품 첨가물이 많이 들어가 있기 때문에 건강에 좋지 않습니다.

세 번째, 패스트푸드점이나 레스토랑은 다른 손님들도 있기 때문에 마음 놓고 놀 수 없지만, 집에서는 마음 놓고 놀 수 있습니다. 집에서 생일 파티를 하면 맛있는 음식도 먹으면서 친구들과도 더 친해질 수 있어 좋습니다.

㉯ 생일 파티는 패스트푸드점이나 레스토랑에서 하는 것이 좋다고 생각합니다.

왜냐하면 평소에 먹지 못하는 음식을 마음껏 먹을 수 있기 때문입니다.

또한 패스트푸드점이나 레스토랑에는 다양한 놀이 기구가 있어 친구들과 놀기에 좋습니다.

그리고 직장에 다니는 어머니들은 음식을 준비할 시간이 없기 때문에 패스트푸드점이나 레스토랑에서 하면 시간과 노력을 아낄 수 있어 좋습니다. 지난번에 제 생일 파티를 집에서 하였는데, 어머니께서 음식을 준비하기 위해 회사에 휴가를 내셨습니다. 그래서 저는 어머니께 죄송한 마음이 들었습니다.

다음은 앞에서 읽은 글의 내용을 한눈에 볼 수 있도록 정리한 글밥지도입니다. 보기에서 알맞은 말을 골라 빈칸을 채워 보세요. 그리고 글에 알맞은 제목을 찾아 선으로 연결해 보세요.

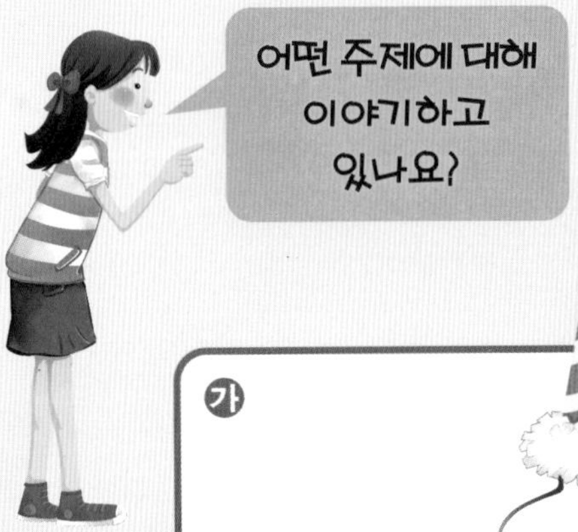

어떤 주제에 대해 이야기하고 있나요?

가 [ ]

가의 주장
- 생일파티는 나 [ ] 에서 하는 것이 더 좋다.

가의 근거
- 적은 돈으로 많은 음식을 준비할 수 있기 때문에
- 다 [ ] 이 건강에도 좋기 때문에
- 친구들과 마음 놓고 놀 수 있기 때문에

제목

글과 어울리는 제목을 찾아보세요.

생일 파티를 하면 좋은 점	생일 파티는 어디에서 하는 것이 좋은가	생일 파티를 집에서 하면 좋은 까닭
•	•	•
•	•	•
알맞아!	관계없어!	범위가 좁아!

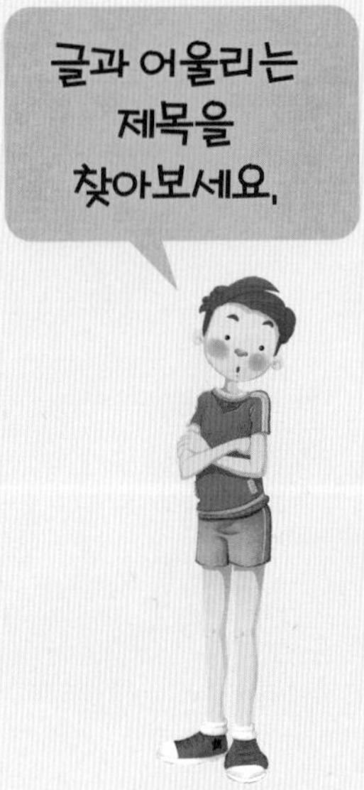

❶ 생일 파티 장소 ❷ 어머니의 정성이 담긴 음식 ❸ 시간과 노력
❹ 패스트푸드점이나 레스토랑 ❺ 놀이 기구가 많기 때문에
❻ 평소에 먹지 못하는 음식 ❼ 집 ❽ 학교

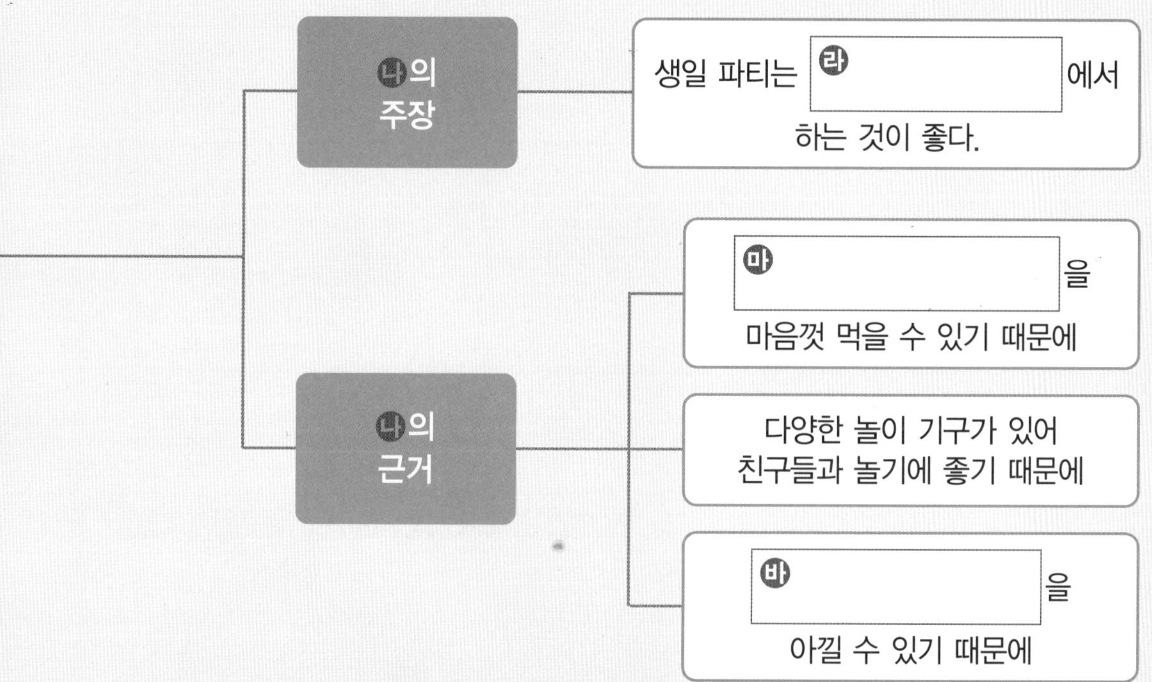

가와 나는 같은 주제에 대해 서로 다른 주장과 그 주장을 뒷받침하기 위한 적절한 근거를 이야기하고 있어요.

1 다음은 글 ㉮와 글 ㉯에서 제시한 주장과 근거를 정리한 것입니다. 어떤 주장을 내세웠는지 잘 보고, 그 주장을 뒷받침해 줄 수 있는 또 다른 근거로 적절하지 <u>않은</u> 것을 골라 ∨표 해 보세요.

글 ㉮	주장	생일 파티는 집에서 하는 것이 더 좋다.	
	근거	① 친구들이 부담을 갖지 않고 올 수 있기 때문이다.	☐
		② 내 방이나 사진 등을 보여 줄 수 있어서 친근감을 더 느낄 수 있기 때문이다.	☐
글 ㉯	주장	생일 파티는 패스트푸드점이나 레스토랑에서 하는 것이 좋다.	
	근거	③ 친구들에서 자랑하고 뽐낼 수 있기 때문이다.	☐
		④ 오래도록 기억에 남는 이벤트를 해 주기 때문이다.	☐

2 다음은 앞의 글을 읽은 친구들의 대화입니다. 가장 타당한 의견을 내고 있는 친구는 누구인가요?

① 생일 파티는 무조건 집에서 하는 것이 좋아.

② 자신의 주장을 뒷받침하는 적절한 근거를 들어 이야기하니까 이해하기 쉬워.

③ 생일 파티를 패스트푸드점이나 레스토랑에서 하는 것은 시간 낭비라 무조건 반대야.

④ 두 글 모두 너무 많은 근거를 들어 어느 주장이 설득력 있는지 판단하기 힘들어.

꼼꼼히 집중하여 읽기

글의 갈래 | **안내하는 글**

걸린 시간 | 분 초

오늘 읽어 볼 글입니다. 차근차근 잘 읽고, 문제를 풀어 보세요.

서울 으뜸 초등학교에서는 제15회 '으뜸 한마음 알뜰 바자회'를 엽니다. 학생들에게 물건의 소중함을 일깨우고, 이웃과 나누는 마음을 길러 주기 위한 목적으로 시작된 이 행사는 올해로 벌써 15년째를 맞이하게 되었습니다.

행사 장소는 학교 별관 강당이고, 행사 기간은 오는 6월 12일부터 13일까지입니다. 어린이들은 이번 바자회를 앞두고 집에서 사용하지 않는 책, 옷, 장난감, 신발, 학용품 들을 가져와 쓸 만한 것을 분리하여 깨끗하게 손질하였습니다. 이 물건들은 자원봉사자 어머니들이 판매할 예정입니다.

바자회를 준비하면서 어린이들은 물건을 아끼고, 나눠 누고, 바꿔 쓰고, 다시 쓰는 '아나바다' 운동을 실천할 수 있는 계기를 마련하게 되었고, 해마다 이 날을 위해 쓰지 않는 물건을 소중히 보관하는 습관까지 생겨 더욱 뜻 깊은 행사가 되어 가고 있습니다.

해마다 실시해 지역의 대표적인 행사로 자리매김한 '으뜸 한마음 알뜰 바자회'는 좋은 물건을 싼값에 팔기 때문에 지역 주민들에게도 큰 인기를 끌고 있습니다. 행사에서 모인 수익금[1]은 지난해와 마찬가지로 학교에 필요한 학습 자료나 도서를 구입하는 등 유익하게 사용할 예정입니다.

이번 행사도 뜻 깊은 행사가 될 수 있도록 어린이들과 학부모님과 지역 주민들의 많은 관심과 참여 바랍니다.

❶ **수익금** : 이익으로 들어오는 돈

다음은 앞에서 읽은 글의 내용을 한눈에 볼 수 있도록 정리한 글밥지도입니다. 보기에서 알맞은 말을 골라 빈칸을 채워 보세요. 그리고 글에 알맞은 제목을 찾아 선으로 연결해 보세요.

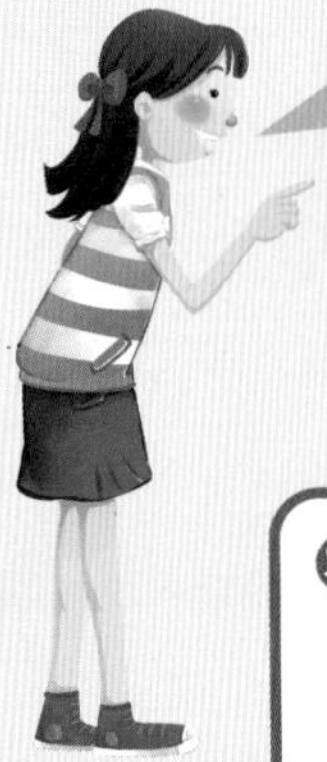

어떤 행사에 대해 안내하고 있나요?

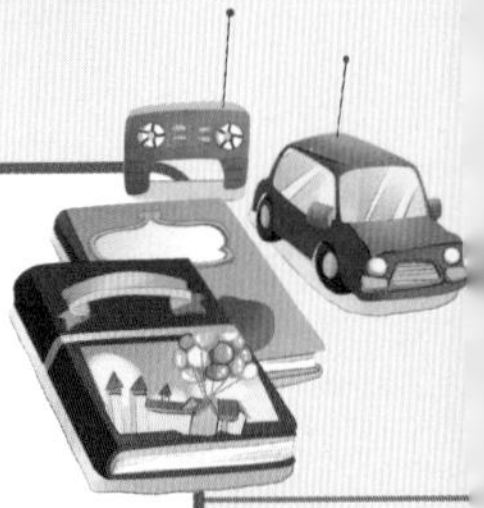

가

행사 주최

나

행사 목적

물건의 소중함을 일깨우려고

다 ( ) 을 길러 주려고

제목

글과 어울리는 제목을 찾아보세요.

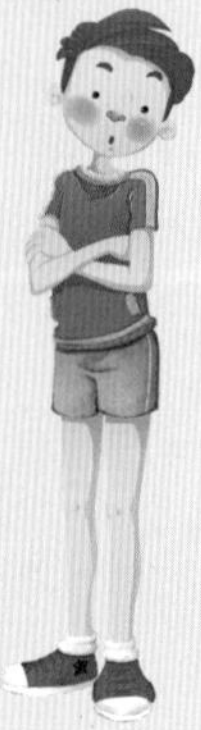

알뜰 바자회 활성화 방안	제15회 '으뜸 한마음 알뜰 바자회' 안내	알뜰 바자회를 여는 목적
알맞아!	관계없어!	범위가 좁아!

❶ 아나바다 운동 ❷ 아껴 쓰기 운동 ❸ 으뜸 초등학교
❹ 이웃과 나누는 마음 ❺ 불우 이웃 돕기 성금 ❻ 학습 자료나 도서
❼ 으뜸 한마음 알뜰 바자회 ❽ 학교 별관 강당

- 수익금의 사용
  - 학교에서 필요한 ㉣ (   )
- 행사 장소 및 기간
  - 장소: ㉤ (   )
  - 기간: 6월 12일부터 13일까지
- 판매 품목
  - 책, 옷, 장난감, 신발, 학용품들
- 행사 의의
  - ㉥ (   )을 실천할 수 있는 계기가 됨
  - 지역의 대표적인 행사로 자리매김함

1 다음은 앞에서 읽은 글의 '으뜸 한마음 알뜰 바자회'의 특징을 정리한 것입니다. 정리한 내용을 잘 읽고, 바르지 못한 것을 모두 찾아 ∨표 해 보세요.

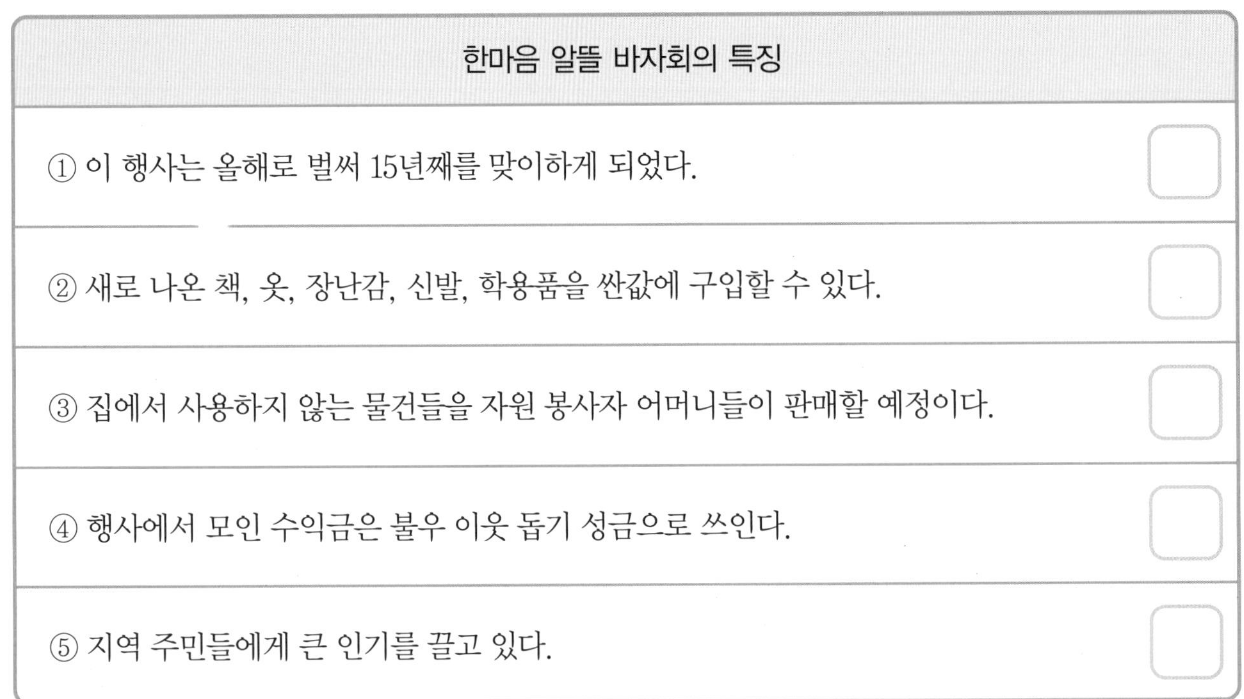

한마음 알뜰 바자회의 특징	
① 이 행사는 올해로 벌써 15년째를 맞이하게 되었다.	
② 새로 나온 책, 옷, 장난감, 신발, 학용품을 싼값에 구입할 수 있다.	
③ 집에서 사용하지 않는 물건들을 자원 봉사자 어머니들이 판매할 예정이다.	
④ 행사에서 모인 수익금은 불우 이웃 돕기 성금으로 쓰인다.	
⑤ 지역 주민들에게 큰 인기를 끌고 있다.	

2 다음은 앞에서 읽은 글을 읽은 친구들의 대화입니다. 가장 타당한 의견을 내고 있는 친구는 누구인가요?

① 행사 내용, 목적, 장소, 기간 같은 핵심적인 내용이 잘 나타나 있어.

② 너무 간단하게 요약해서 무엇을 설명하는지 모르겠어.

③ 행사를 통해 모인 수익금은 불우 이웃을 돕기 위해 쓰인다니 정말 뜻깊은 행사야.

④ 알뜰 바자회에 대한 자신의 주장을 알맞은 근거를 들어 펼치고 있어.

28 꼼꼼히 집중하여 읽기

글의 갈래 | 전기문

걸린 시간 | 분 초

오늘 읽어 볼 글입니다. 차근차근 잘 읽고, 문제를 풀어 보세요.

안중근은 1879년 9월 2일, 황해도 해주에서 3남 1녀의 맏아들로 태어났다. 어린 시절, 성격이 급한 안중근을 걱정한 할아버지께서 세상을 무겁게 살라는 뜻에서 무거울 '중', 뿌리 '근' 자를 보태어 안중근이라는 이름을 지어 주셨다.

안중근은 1897년 1월 청계동에서 프랑스 신부 빌렘에게 세례를 받고, 천주교를 통해 신학문을 배웠다. 1905년 을사조약이 맺어지자, 다음 해에 남포의 돈의 학교를 인수[1]하여 인재를 키우는 데 힘을 기울였다. 뒷날 이 학교에서는 독립 운동가들이 많이 나왔다.

뒤이어 안중근은 1906년에는 서우학회를 중심으로 활동하였고, 1907년 국채 보상 운동이 일어나자 평안도 국채 보상회의 중심인물로 활동하였다.

1909년 10월 26일 안중근은 하얼빈 역에서 일본의 정치가 이토 히로부미를 향해 방아쇠를 당겼다. 이토 히로부미는 그 자리에서 죽었고, 안중근은 "대한 독립 만세!"를 외치다 체포되었다.

안중근은 여순 감옥에서 재판을 받는 동안에도 한결같이 꿋꿋한 자세를 흐트러뜨리지 않았으며, 오직 나라의 앞날을 걱정하는 애국지사다운 모습을 잃지 않았다.

1910년 3월 26일, 안중근은 32살의 나이로 여순 감옥에서 숨을 거두었다.

이러한 안중근 삶은 날이 갈수록 빛을 발해 우리나라뿐만 아니라 일본, 중국, 미국 등지에서도 안중근의 사상을 연구하고 추모하는 활동이 활발히 진행되고 있다. 안중근는 존경할 만한 애국지사요, 사상가로 우리 역사에 길이 빛날 것이다.

[1] **인수** : 물건이나 권리를 넘겨받는 것

다음은 앞에서 읽은 글의 내용을 한눈에 볼 수 있도록 정리한 글밥지도입니다. 보기에서 알맞은 말을 골라 빈칸을 채워 보세요. 그리고 글에 알맞은 제목과 글의 짜임을 찾아 선으로 연결해 보세요.

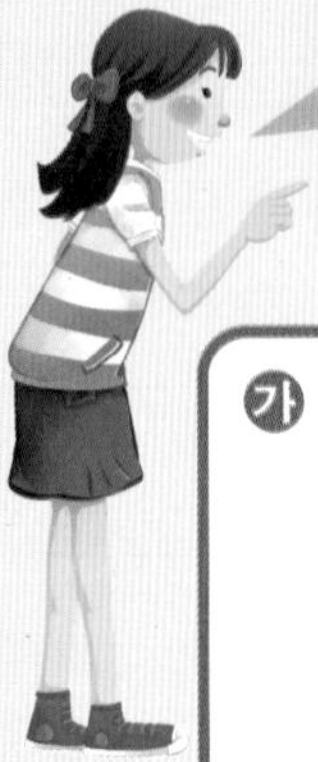

중심인물은 누구인가요?

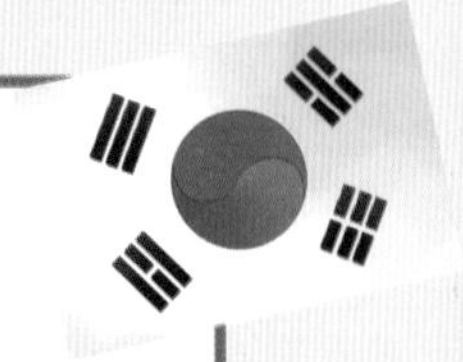

가 (   )

- 출생
  - 태어난 때: 1879년 9월 2일
  - 태어난 곳: 나 (   )
- 성격
  - 어린 시절: 급함
  - 자라서: 다 (   )
- 제목과 짜임
  - 제목

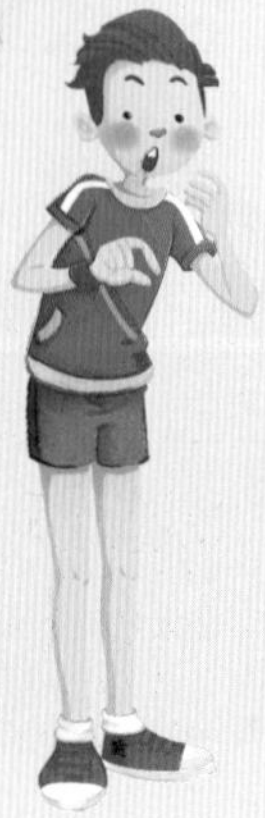

글과 어울리는 제목을 찾아보세요.

일제 강점기의 독립 운동가	민족의 영웅 안중근	안중근의 충성심
•	•	•
•	•	•
알맞아!	관계없어!	범위가 좁아!

❶ 애국지사　❷ 애국심이 강하고 의지가 굳음　❸ 이토 히로부미
❹ 평가　❺ 대한 독립 만세　❻ 돈의 학교　❼ 황해도 해주　❽ 안중근

한 일

연도	한 일
1897년	신학문을 배움
1905년	라 ( ) 를 인수함
1906년	서우학회를 중심으로 활동함
1907년	국채 보상 운동에 참여함
1909년	마 ( ) 를 저격함
1910년	여순 감옥에서 순직함

평가

존경할 만한 바 ( ) 요,
사상가로 우리 역사에 길이 빛날 것임

짜임

처음	가운데	끝
안중근의 업적에 대한 평가	안중근의 출생과 성격	안중근의 활동과 업적

1 다음은 이야기의 중요한 장면입니다. 이토 히로부미를 저격하기 전과 후, 안중근의 마음은 어땠을까요? 보기에서 골라 답해 보세요.

①

②

보기

긴장하다.	슬프다.	안타깝다.	통쾌하다.

2 다음은 앞의 글을 읽은 친구들의 대화입니다. 가장 타당하지 못한 의견을 내고 있는 친구는 누구인가요?

① 나라의 힘을 길러 다시는 남의 나라에 빼앗기는 일이 없어야 한다고 생각해.

② 안중근은 개인의 삶보다 나라를 위한 삶을 살았어.

③ 나라를 소중히 여기는 마음을 갖는 것이 안중근의 뜻을 이어받는 거야.

④ 아무리 나라를 위해서라지만, 사람을 죽이는 것은 옳지 않아.

꼼꼼히 집중하여 읽기

글의 갈래	편지글
걸린 시간	분 초

오늘 읽어 볼 글입니다. 차근차근 잘 읽고, 문제를 풀어 보세요.

경호에게

안녕? 나 민호야, 몸은 좀 어떠니?

네가 병원에 입원한 지 벌써 열흘이 되어 가는구나. 네가 학교에 오지 않아 나와 친구들이 모두 걱정하고 있던 중에 종례 시간에 선생님께 네가 교통사고로 병원에 입원하였다는 소식을 전해 듣고, 우리 모두 얼마나 놀랐는지 몰라. 다음 날 너를 만나러 병원에 가면서도 선생님과 우리들은 많은 걱정을 하였단다.

병실에서 머리에 붕대를 감고 누워 있는 너를 보았을 때 우리들은 모두 안타까워하였지. 그런데 너는 배시시 웃으며 괜찮다고 말하며 오히려 우리들을 달래 주었어. 평소에도 반장으로서 의젓하고 책임감 있게 우리 반을 이끌어 주는 네가 자랑스러웠는데 그날은 네가 정말로 듬직해 보였단다. 다행히 많이 다치지 않은 듯 하여 우리 모두 안심하며, 너와 이야기를 나누고 돌아왔지.

항상 밝고 명랑한 네 곁에서 나도 너의 좋은 점을 닮기 위해 노력할 거야. 그리고 너의 밝은 모습을 하루 빨리 보고 싶어. 네가 빨리 회복할 수 있도록 우리 반 친구들 모두 기도할게. 네 곁에는 6학년 5반 친구들이 함께 하고 있다는 것 잊지 말고, 치료 열심히 받고 힘내!

경호야, 그럼 안녕.

20○○년 ○○월 ○○일

너를 아끼는 민호가

다음은 앞에서 읽은 글의 내용을 한눈에 볼 수 있도록 정리한 글밥지도입니다. 보기에서 알맞은 말을 골라 빈칸을 채워 보세요. 그리고 하고 싶은 말의 차례와 글에 알맞은 제목을 찾아 선으로 연결해 보세요.

이 편지의 종류는 무엇인가요?

가

처음

나

받는 사람

첫인사

다

하고 싶은 말

첫 번째

두 번째

세 번째

병실에서 너를 보았을 때 네가 정말 듬직해 보였어.

네가 교통사고로 입원했다는 소식을 전해 듣고, 많이 걱정했어.

너랑 친하게 지내고 싶어. 네가 빨리 회복할 수 있도록 기도할게, 힘내.

❶ 민호 ❷ 경호 ❸ 위문 편지
❹ 안녕? 나 민호야. ❺ 감사 편지 ❻ 너와 친하게 지내고 싶어.
❼ 네가 정말로 듬직해 보였단다. ❽ 친구를 위로하기 위해서

끝
- 끝인사 — 경호야, 그럼 안녕.
- 쓴 날짜 — 20○○년 ○○월 ○○일
- 쓴 사람 — ㉣

편지를 쓴 까닭 — ㉤

경호에게 어떤 일이 있었는지 생각해 보면 쉽게 알 수 있어요.

제목
- 듬직한 경호에게
- 경호의 빠른 쾌유를 빌며
- 친구가 되고 싶은 경호에게

알맞아! 관계없어! 범위가 좁아!

1 다음은 경호가 민호가 쓴 편지를 읽고 있는 모습입니다. 편지를 받은 경호는 어떤 마음이 들었을까요? 알맞은 것을 골라 모두 ○표 해 보세요.

고맙다.		서운하다.		안타깝다.		얄밉다.		기쁘다.	

2 다음은 앞에 글을 읽은 친구들의 대화입니다. 가장 타당하지 못한 의견을 내고 있는 친구는 누구인가요?

① 민호는 일정한 형식에 맞추어 편지를 썼어.

② 민호는 경호가 빨리 회복되기를 바라는 마음을 담아 편지를 썼어.

③ 민호는 편지 쓰는 방법을 잘 모르나 봐. 하고 싶은 말이 잘 나타나 있지 않아.

④ 민호는 경호와 친하게 지내고 싶어 해.

꼼꼼히 집중하여 읽기

글의 갈래	이야기 글
걸린 시간	분 초

오늘 읽어 볼 글입니다. 차근차근 잘 읽고, 문제를 풀어 보세요.

어느 날, 멸치가 꿈을 꾸었어요. 꿈속에서 멸치는 하늘로 올라갔다가 땅으로 내려왔어요. 그러자 흰 구름이 뭉게뭉게 피어나더니, 하늘에서 흰 눈이 펄펄 내렸어요. 게다가 멸치의 몸이 추워졌다 더워졌다 하는 이상한 꿈이었어요.

잠에서 깬 멸치는 이 꿈이 무슨 꿈인지 도무지 알 수 없었어요. 멸치와 친하게 지내던 가자미가 이 이야기를 듣고, 꿈풀이를 잘하기로 소문난 낙지를 데리고 왔어요.

멸치의 이야기를 들은 낙지는 한참을 생각한 끝에 말했어요.

"하늘로 올라간 것은 용이 된다는 뜻이고, 땅으로 떨어진 것은 용이 비를 내리기 위해 내려온 것입니다. 용은 원래 구름을 타고 돌아다니다 보니 구름이 뭉게뭉게 피어난 것이지요. 그리고 몸이 추워졌다 더워졌다 한 것은 용이 되어 사계절을 손아귀에 쥐고 마음대로 주무르게 된다는 뜻이지요."

그 날부터 멸치는 거드름을 피우며 바닷속을 휘젓고 다니더니, 친구인 가자미까지 무시하기 시작했어요. 이런 멸치가 못마땅했던 가자미는 화가 나서 물고기들 앞에서 큰 소리로 말했어요.

"멸치의 꿈은 죽음을 뜻하는 것이에요. 하늘에 올라간 것은 낚싯바늘에 걸려 물 밖으로 나가는 것이고, 구름이 생긴 것은 멸치를 굽는 불에서 나는 연기이지요. 또 소금을 훌훌 뿌려 구울 테니 흰 눈이 펄펄 내리는 것이고, 그러다 보니 멸치의 몸이 추워졌다 더워졌다 한 것이지요."

가자미의 그럴 듯한 꿈풀이에 물고기들은 웃음을 터뜨렸고, 화가 난 멸치는 가자미의 뺨을 힘껏 때렸어요. 그 바람에 가자미의 눈이 한쪽으로 몰려 버렸고, 가자미의 꼴을 보고 놀란 꼴뚜기는 눈을 꽁무니에 감추었어요. 그리고 그 모습을 보던 새우는 너무 웃다가 그만 허리가 굽어지고 말았답니다.

다음은 앞에서 읽은 글의 내용을 한눈에 볼 수 있도록 정리한 글밥지도입니다. 보기에서 알맞은 말을 골라 빈칸을 채워 보세요. 그리고 글에 알맞은 제목과 이야기의 순서를 찾아 선으로 연결해 보세요.

누가 꿈을 꾸었나요?

가 (빈칸)

낙지의 꿈풀이

뜻	꿈 내용
나 (빈칸)	하늘로 올라간 것
비를 내리기 위해 땅으로 내려왔다는 뜻	땅으로 떨어진 것
다 (빈칸)	구름이 피어난 것
사계절을 마음대로 주무르게 된다는 뜻	추워졌다 더워졌다 한 것

제목과 순서

제목

글과 어울리는 제목을 찾아보세요.

가자미의 꿈풀이	꿈을 풀이하는 방법	낙지와 가자미의 꿈풀이
알맞아!	관계없어!	범위가 좁아!

❶ 구름을 타고 다닌다는 뜻　❷ 소금을 뿌린다는 뜻　❸ 멸치
❹ 물 밖으로 나간다는 뜻　❺ 가자미
❻ 용이 된다는 뜻　❼ 땅으로 떨어진 것　❽ 불에 굽는다는 뜻

가자미의 꿈풀이

- 하늘로 올라간 것 — 낚싯바늘에 걸려 ㉱ ( )
- 구름이 피어난 것 — 멸치를 굽는 불에서 나는 연기
- 흰 눈이 내리는 것 — ㉲ ( )
- 추워졌다 더워졌다 한 것 — 멸치를 ㉳ ( )

순서

- 첫 번째 — 멸치가 이상한 꿈을 꾸었음
- 두 번째 — 가자미가 멸치의 꿈풀이를 함
- 세 번째 — 낙지가 멸치의 꿈풀이를 함
- 네 번째 — 멸치에게 뺨을 맞은 가자미는 눈이 한쪽으로 몰리게 됨

1 다음은 멸치가 꾼 꿈을 새롭게 풀이한 것입니다. 어떤 장면을 어떻게 풀이할 수 있을지 자유롭게 선으로 연결해 보세요.

①	하늘로 올라간 것 •	• ㉠	다스리는 나라에 좋은 일이 생기는 것
②	구름이 피어난 것 •	• ㉡	나라의 임금이 되는 것
③	흰 눈이 내리는 것 •	• ㉢	백성들로부터 칭찬을 받기도 하고, 원망을 듣기도 하는 것
④	추워졌다 더워졌다 한 것 •	• ㉣	나라를 잘 다스려 백성들이 좋아하는 웃음소리가 온 세상에 울려 퍼지는 것

2 다음은 앞의 글을 읽은 친구들의 대화입니다. 가장 타당하지 못한 의견을 내고 있는 친구는 누구인가요?

① 멸치는 자기의 부탁을 들어 주기 위해 애쓴 가자미에게 고마운 마음을 전했어야 해.

② 꿈은 꿈일 뿐이야. 아무리 좋은 꿈이라도 겸손하게 행동해야지.

③ 서운하다고 다른 물고기 앞에서 멸치의 꿈을 나쁘게 풀이한 가자미의 행동도 옳지 않아.

④ 멸치는 잘못이 없어. 뒤에서 친구의 흉을 본 가자미는 더 혼나야 해.

공습국어 초등독해

정답과 해설

5·6학년 심화 Ⅰ

주니어김영사

01회 | 17~20쪽

글밥지도 그리기

㉮ ③ 어린이들의 옷차림
㉯ ② 유행을 좇는 옷차림
㉰ ⑥ 소박한 옷차림
㉱ ⑧ 단정하고

● **제목**

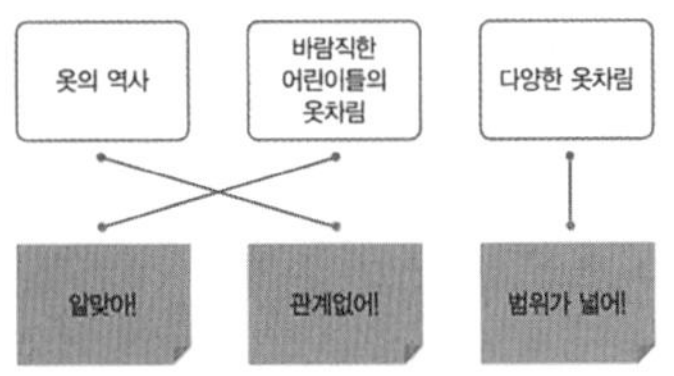

해설

- **옷의 역사** : 제시문은 어린이들 사이에서 유행하는 옷차림에 대한 글이므로, 글의 내용과 관계없습니다.
- **바람직한 어린이들의 옷차림** : 제시문은 어린이들 사이에서 유행하는 옷차림에 대해 문제를 제시하고, 해결 방안을 나타낸 글입니다. 그러므로 제목으로 알맞습니다.
- **다양한 옷차림** : 어린이의 옷차림에 대해 제시하고 있지만, 다양한 옷차림에 대한 내용은 아니므로 제목으로 하기에는 범위가 넓습니다.

● **문단**

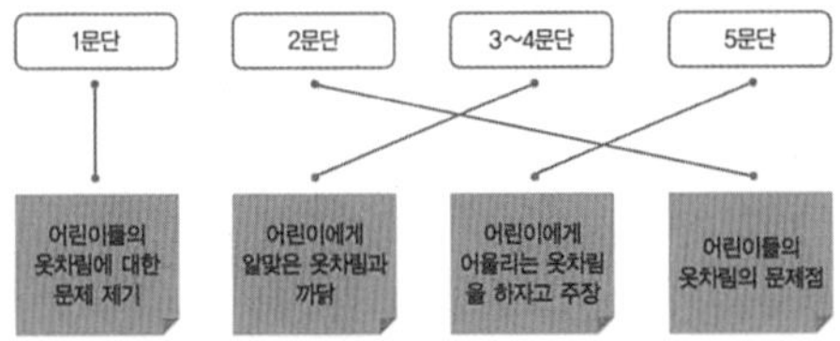

요목조목 따져보기

1. ㉮ 소박한 옷차림과 단정하고 편안한 옷차림을 하자.
   ③
2. ③

해설

이 글은 소박한 옷차림과 학생 신분에 맞게 단정하고 편안한 옷차림을 하자는 의견을 나타내고 있습니다.

02회 | 21~24쪽

글밥지도 그리기

㉮ ⑤ 기상 이변
㉯ ② 북극 진동의 약화
㉰ ③ 습기가 많은 공기
㉱ ⑥ 대기 중의 수증기
㉲ ④ 생태계의 파괴
㉳ ⑧ 인류의 생존 위협

● **제목**

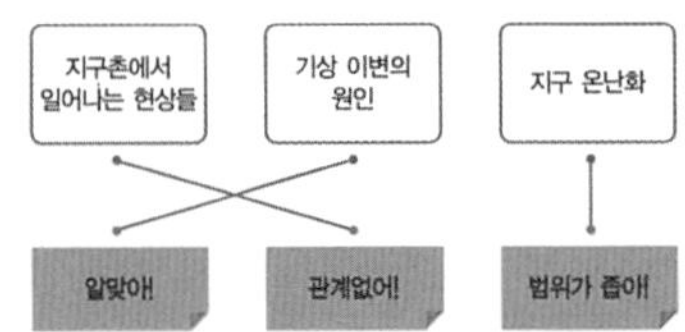

해설

- **지구촌에서 일어나는 현상들** : 지구촌에서 일어나고 있는 현상들은 제시문에서 제시하고 있는 기상 이변뿐만 아니라 더욱 다양하므로, 제목으로 알맞지 않습니다.
- **기상 이변의 원인** : 제시문은 세계 이곳저곳에서 일어나고 있는 기상 이변에 대해 설명하는 글입니다. 그러므로 알맞은 제목입니다.
- **지구 온난화** : 기상 이변의 한 원인이므로, 제목으로 하기에는 범위가 좁습니다.

● **문단**

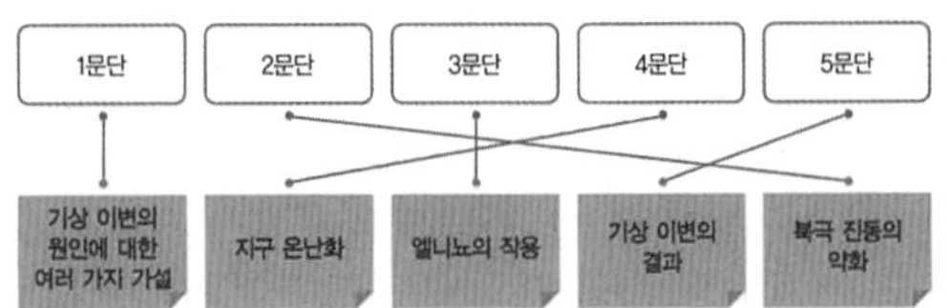

요목조목 따져보기

1. ④
2. ③

해설

제시문에서 기상 이변은 동식물의 생존은 물론 인류의 생존에도 위협할 수 있다고 했습니다.

03회 | 25~28쪽

글밥지도 그리기

가 ① 소녀와 두꺼비
나 ⑦ 어느 마을
다 ⑤ 제물
라 ② 착하고 인정이 많음
마 ③ 은혜를 갚을 줄 앎

● **제목**

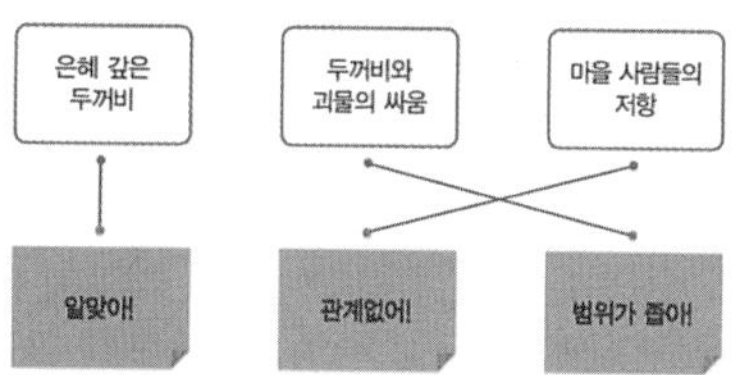

해설

- **은혜 갚은 두꺼비** : 제시문은 은혜를 갚은 두꺼비의 행동에 초점이 맞추어진 글입니다. 그러므로 제목으로 알맞습니다.
- **두꺼비와 괴물의 싸움** : 두꺼비와 괴물의 싸움은 이야기의 내용 가운데 일부분에 해당하는 것이므로, 제목으로 하기에는 범위가 좁습니다.
- **마을 사람들의 저항** : 제시문에서 마을 사람들이 괴물에 저항한 내용은 나타나 있지 않으므로, 제목과 관계없습니다.

● **구성**

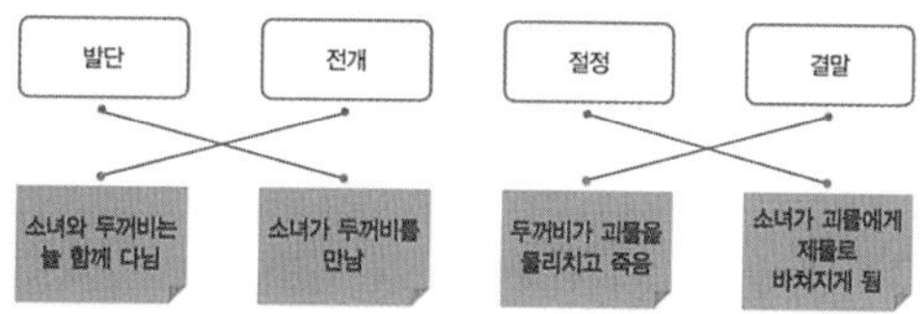

끄덕끄덕 공감하기

1. 기대된다.
2. ④

해설

두꺼비는 자신을 보살펴 준 소녀에게 은혜를 갚기 위해 목숨을 바친 것이 맞습니다.

04회 | 29~32쪽

글밥지도 그리기

가 ④ 칠교놀이
나 ② 일곱 가지 도형 조각
다 ③ 지혜판
라 ⑥ 고대 중국의 전설
마 ⑧ 300여 종
바 ⑦ 다양한 도형 학습

● **제목**

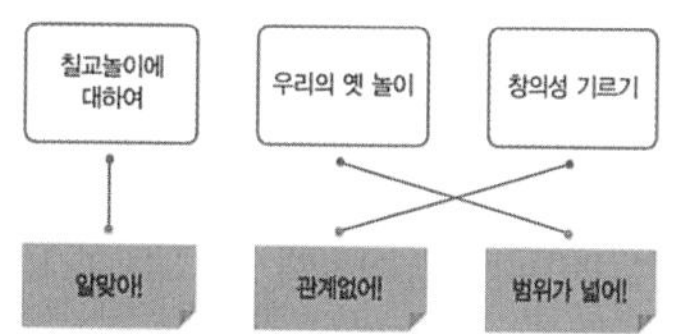

해설

- **칠교놀이에 대하여** : 제시문은 칠교의 뜻과 유래, 다양한 이름과 놀이 방법 등 칠교놀이에 대해 자세히 소개하고 있습니다. 그러므로 제목으로 알맞습니다.
- **우리의 옛 놀이** : 칠교놀이는 예로부터 즐겨 오던 우리의 옛 놀이가 맞습니다. 하지만 제시문에서는 우리 옛 놀이에 대해 폭넓게 설명하는 것이 아니라 칠교 놀이에 대해서만 알려 주고 있으므로, 제목으로 하기에는 범위가 넓습니다.
- **창의성 기르기** : 칠교놀이가 창의력을 기르는 데 도움이 되는 것은 맞지만, 제시문의 일부분이고 가장 중요한 부분도 아니므로, 제목과 관계없습니다.

● **문단**

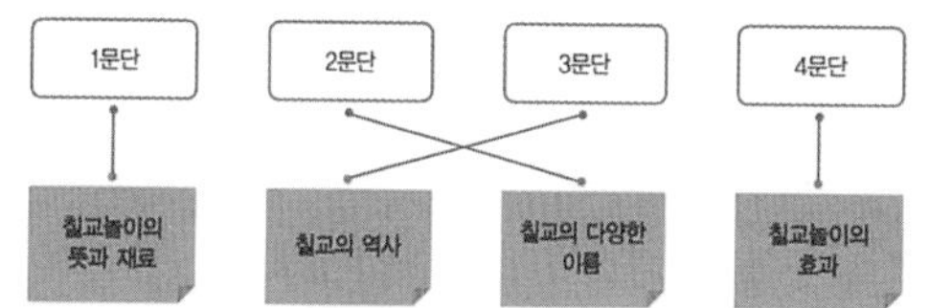

요목조목 따져보기

1. ①
2. ②

해설

제시문에서는 일곱 가지 도형 조각을 모두 사용하여 다양한 모양을 만들 수 있다고 소개하고 있습니다.

05회 | 33~36쪽

글밥지도 그리기

가 ③ 학교 앞 불량 식품 판매 실태
나 ⑥ 학교 앞 구멍가게
다 ⑧ 설문지 조사
라 ④ 원산지 표시
마 ⑤ 불량 식품을 사 먹는 까닭은 무엇인가?
바 ① 불량 식품의 천국

● **짜임**

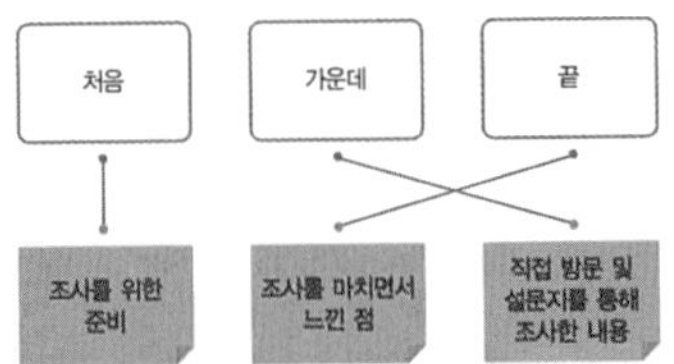

해설

- **처음** : 조사를 위해 필요한 준비를 하는 내용이 포함되어 있습니다.
- **가운데** : 조사 방법과 조사 결과에 대해 자세히 다루고 있습니다.
- **끝** : 조사를 마치면서 느낀 점에 대해 설명하고 있습니다.

요목조목 따져보기

1. ③, ④
2. ④

해설

제시문에서는 불량 식품을 사 먹지 말자고 주장하고 있으므로, 이것은 알맞은 의견이 아닙니다.

06회 | 37~40쪽

글밥지도 그리기

가 ② 풀각시
나 ④ 치마를 지음
다 ⑤ 저고리를 지음
라 ③ 풀
마 ① 솥을 걺
바 ⑦ 밥을 지음
사 ⑧ 솔잎

● **제목**

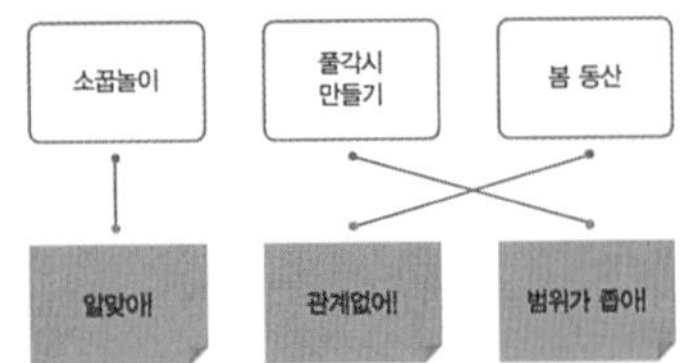

해설

- **소꿉놀이** : 이 시는 산에 올라 꽃과 풀, 게딱지와 흙, 솔잎 등을 이용하여 소꿉놀이를 하는 장면을 그리고 있습니다. 그러므로 제목으로 알맞습니다.
- **풀각시 만들기** : 시의 1연에서는 풀각시를 만드는 모습을, 2연에서는 잔칫상을 차리는 모습을 표현하고 있습니다. 풀각시 만들기는 시의 일부이므로, 제목으로 하기에는 범위가 좁습니다.
- **봄 동산** : 시의 배경이 봄 동산이지만, 제목과 관계없습니다.

● **중심 내용**

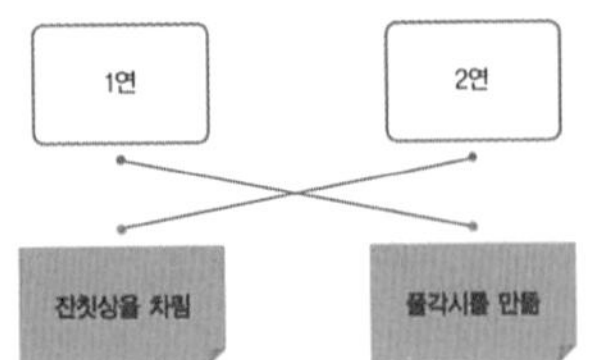

끄덕끄덕 공감하기

1. [예시]
조개껍데기, 모래, 해초
2. ②

해설

이 시는 소꿉놀이를 하는 모습을 표현했습니다. 따라서 조용하고 엄숙한 분위기보다는 아기자기하고 즐거운 분위기가 느껴집니다.

07회 | 41~44쪽

글밥지도 그리기

㉮ ② 노인 문제
㉯ ⑧ 생활 수준의 향상
㉰ ③ 경제적 어려움
㉱ ④ 일할 수 있는 기회
㉲ ⑦ 노인 의료 지원 시스템

● **제목**

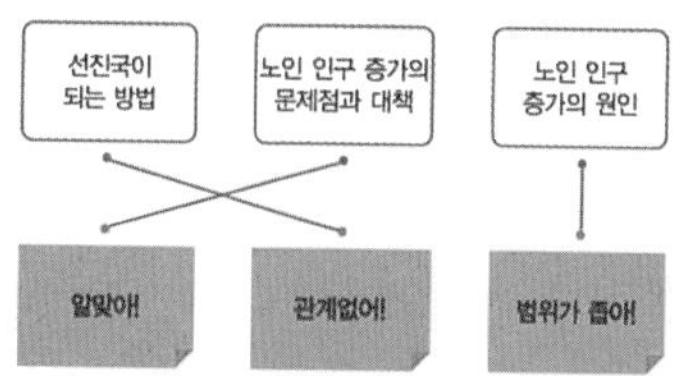

해설

- **선진국이 되는 방법** : 제시문은 노인 문제에 대한 정부의 대책이 필요하다고 주장하는 글이지 선진국이 되는 방법에 대한 글은 아닙니다. 그러므로 제목과 관계없습니다.
- **노인 인구 증가의 문제점과 대책** : 제시문은 노인 인구 증가의 문제점을 제시하고, 해결 방안을 나타낸 글입니다. 그러므로 제목으로 알맞습니다.
- **노인 인구 증가의 원인** : 고령화 사회의 원인 중의 하나이므로, 제목으로 하기에는 범위가 좁습니다.

● **문단**

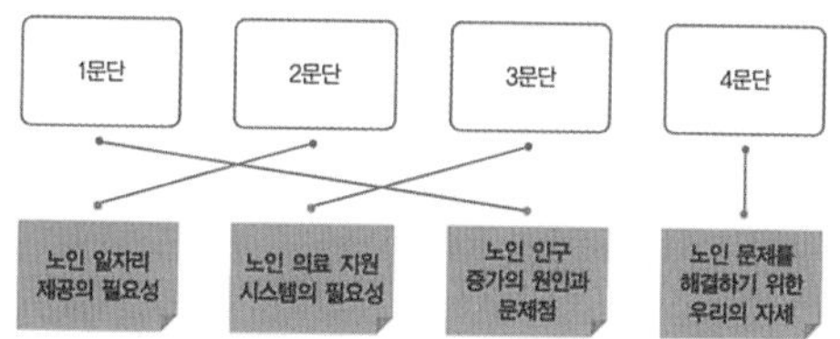

요목조목 따져보기

1. ㉮ 노인 문제에 대한 정부의 대책이 필요하다.
①, ②

2. ①

해설

제시문에서 우리 나라는 인구 고령화가 빠르게 진행되고 있어 대책이 시급하다고 했습니다.

08회 | 45~48쪽

글밥지도 그리기

㉮ ① 훈민가
㉯ ④ 정철
㉰ ② 조선 시대
㉱ ⑧ 섬기기
㉲ ⑦ 옳은 일
㉳ ⑥ 늙은이

● **목적**

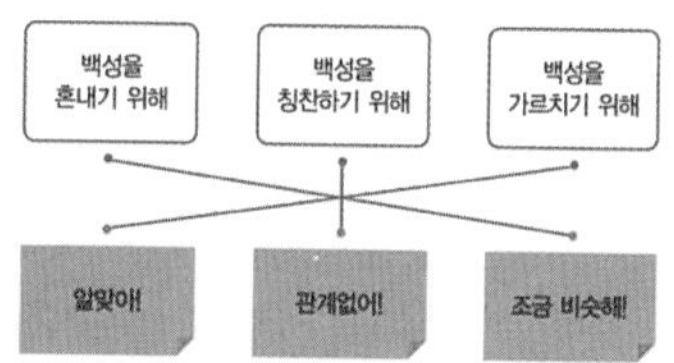

해설

- **백성을 혼내기 위해** : 제시문은 백성이 해야 할 일을 알려 주고 있지만 백성을 혼내고자 한 것은 아닙니다.
- **백성을 칭찬하기 위해** : 제시문에서 백성을 칭찬하는 부분은 찾아볼 수 없습니다. 그러므로 글을 쓴 목적과 관계없습니다.
- **백성을 가르치기 위해** : 제시문에서 강원도 관찰사로 있던 정철이 백성들을 가르치기 위해 지었다고 밝혔으므로, 제목으로 알맞습니다.

● **수의 주제**

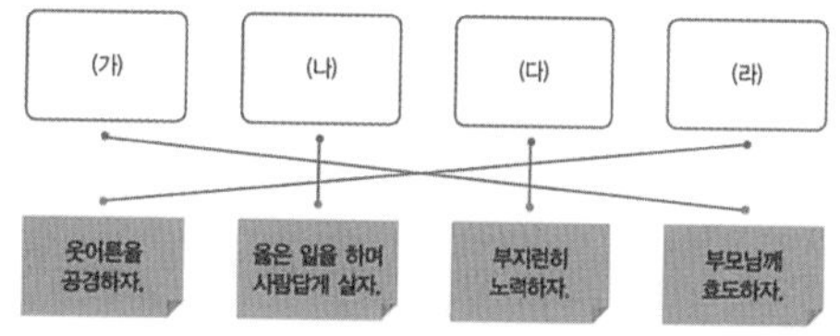

끄덕끄덕 공감하기

1. ②

2. ④

해설

지은이는 백성을 가르치기 위해 훈민가를 지었습니다. 백성들을 깔보고 아는 것을 자랑하려는 것이 아닙니다.

09회 | 49~52쪽

글밥지도 그리기

가 ③ 자전과 공전
나 ⑧ 행성이 스스로 도는 것
다 ⑦ 다른 행성의 둘레를 도는 것
라 ⑥ 먼지 구름
마 ② 낮과 밤의 변화
바 ① 계절의 변화

● 제목

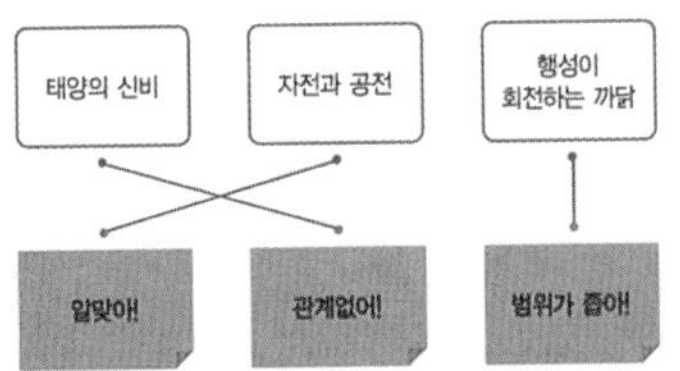

해설

- **태양의 신비** : 제시문은 태양의 신비에 대한 것이 아니라 행성의 자전과 공전에 관한 글입니다. 그러므로 제목과 관계없습니다.
- **자전과 공전** : 제시문은 지구(행성)의 자전과 공전에 대해 설명하는 글입니다. 그러므로 제목으로 알맞습니다.
- **행성이 회전하는 까닭** : 제시문에서 행성이 회전하는 까닭은 전체 글의 내용이 아니라 일부분이므로, 제목으로 하기에는 범위가 좁습니다.

● 문단

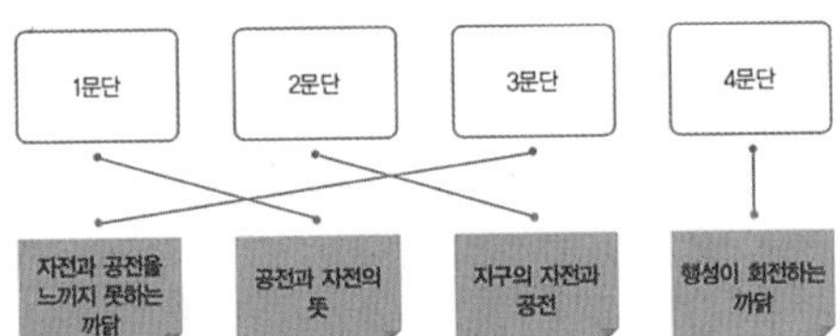

요목조목 따져보기

1. ④
2. ②

해설

태양이 지구의 주위를 돌기 때문에 계절의 변화가 생기는 것이 아니라 지구가 태양의 주위를 돌기 때문에 계절의 변화가 생기는 것입니다.

10회 | 53~56쪽

글밥지도 그리기

가 ② 연날리기
나 ⑥ 아이들과 청소년들
다 ④ 설날부터 대보름날 사이
라 ⑦ 한지
마 ① 방구멍 내기
바 ③ 목줄 매기

● 제목

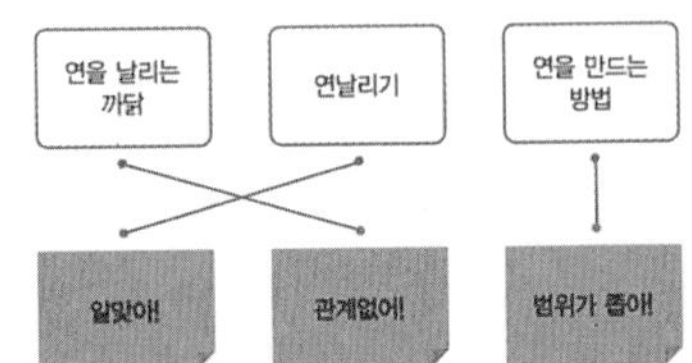

해설

- **연 만드는 방법** : 연 만드는 방법은 제시문에서 일부분의 내용이므로, 제목으로 하기에는 범위가 좁습니다.
- **연날리기** : 제시문에는 연을 날리는 때, 장소, 유래, 만드는 방법 등이 설명되어 있으므로, 제목으로 알맞습니다.
- **연을 날리는 까닭** : 제시문에는 연을 날리는 정확한 까닭에 대한 설명은 나타나 있지 않으므로, 제목과 관계없습니다.

● 문단

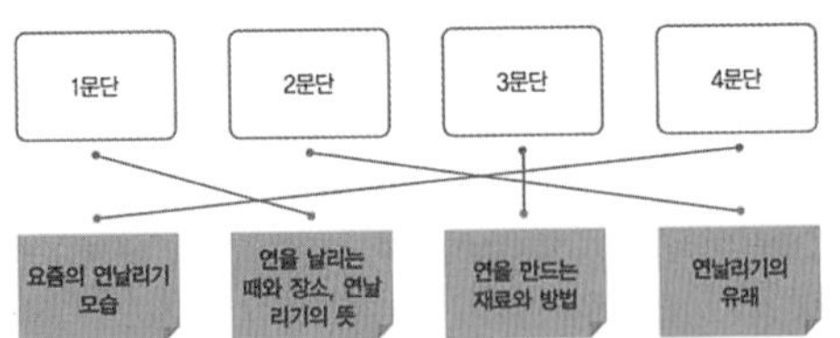

요목조목 따져보기

1. ②, ③
2. ①

해설

제시문에서 연날리기는 주로 아이들과 청소년들이 하는 놀이라고 했으므로, 이것은 알맞지 않은 의견입니다.

11회 | 57~60쪽

글밥지도 그리기

가 ③ 북청 사자 춤
나 ⑦ 오색 빛깔
다 ⑧ 통소
라 ④ 고개 돌려 등을 핥음
마 ⑥ 옆 발 번쩍 들고 나옴
바 ② 왕방울 눈

● **연의 중심 내용**

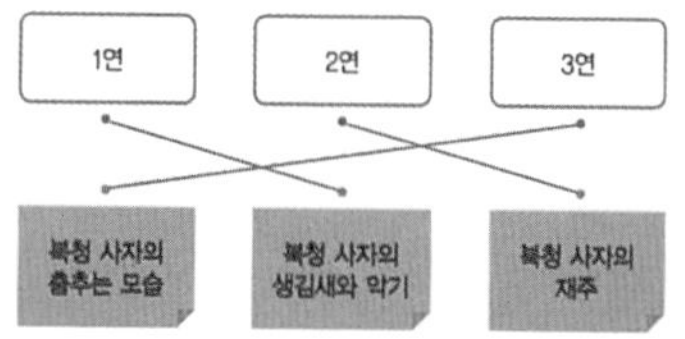

끄덕끄덕 공감하기

1. [예시]
북청 사자 춤을 춘다.
(앞으로 뒹굴 뒤로 뒹굴)
(또르르 굴러가고)
(일어서서 머리 긁고)
(앉아서 발도 긁고)
갖은 재주 피워 보네.

2. ①

해설
북청 사자의 모습에서 사람들에게 겁을 주고 위협을 하는 것 같이 느껴지는 것이 아니라, 익살스럽고 친근한 느낌이 듭니다.

12회 | 61~64쪽

글밥지도 그리기

가 ② 걸리버 여행기
나 ③ 걸리버
다 ⑥ 강민재
라 ① 책 표지에 호기심이 생겨서
마 ⑧ 걸리버와 친구가 되고 싶어서
사 ⑦ 용기 있고 따뜻한 마음

● **제목**

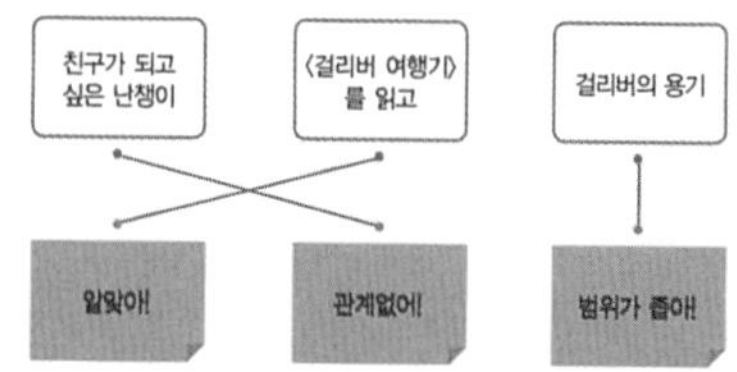

해설
- **친구가 되고 싶은 난쟁이** : 글쓴이가 난쟁이와 친구가 되고 싶다고 한 내용은 나타나 있지 않으므로, 제목과 관계없습니다.
- **〈걸리버 여행기〉를 읽고** : 제시문은 〈걸리버 여행기〉를 읽고 쓴 편지를 형식의 독서 감상문이므로, 제목으로 알맞습니다.
- **걸리버의 용기** : 제시문에 걸리버의 용기에 대한 내용은 나타나 있지만 일부분이므로, 제목으로 하기에는 범위가 좁습니다.

● **짜임**

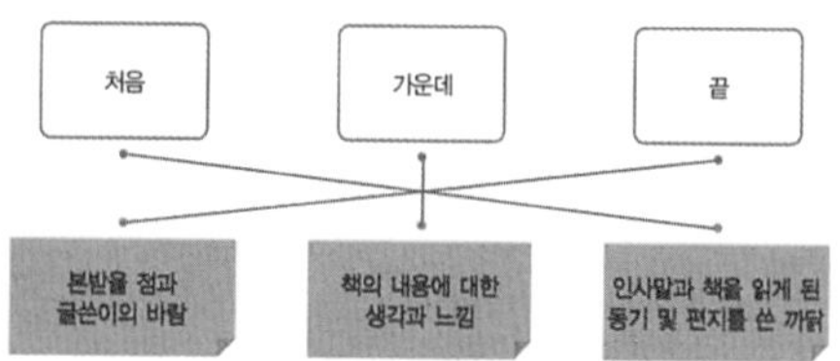

끄덕끄덕 공감하기

1. ①, ②

2. ②

해설
이 글은 책을 읽은 뒤의 생각과 느낌을 편지글의 형식으로 쓴 독서 감상문입니다.

13회 | 65~68쪽

글밥지도 그리기

가 ⑦ 전교 임원 선거
나 ⑧ ○○초등학교를 빛낼 대표를 우리 손으로
다 ⑤ 전교 임원 선거 후보자들이
라 ④ 선거 운동을
마 ② 임원이 되기 위해

● **형식**

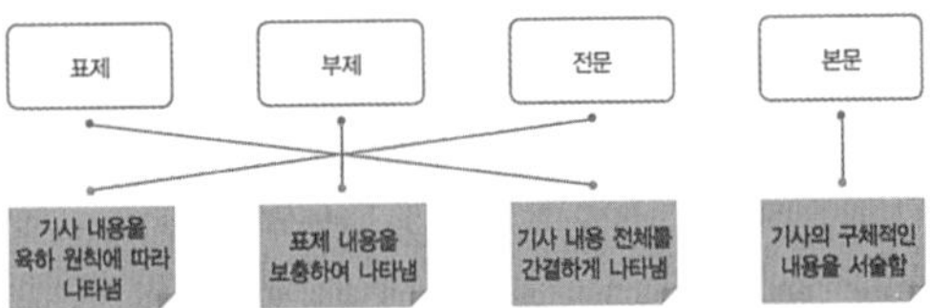

● **본문**

요목조목 따져보기

1. ④

해설
학급 임원 선거가 아닌 전교 임원 선거에 대한 기사문입니다. 그러므로 제시문에서는 학급이 아닌 학교를 위해 열심히 뛰는 회장, 부회장이 되기를 바란다고 했습니다.

2. ①

해설
이 글은 논리적이지만, 글쓴이의 주장이 나타나 있는 것이 아니라 객관적인 사실을 전달하는 기사문입니다.

14회 | 69~72쪽

글밥지도 그리기

가 ③ 제10회 종합 학예 발표회
나 ⑦ 창의력과 솜씨
다 ⑥ 멀티미디어실과 과학실
라 ① 공연
마 ⑧ 신뢰가 한층 깊어졌다.

● **제목**

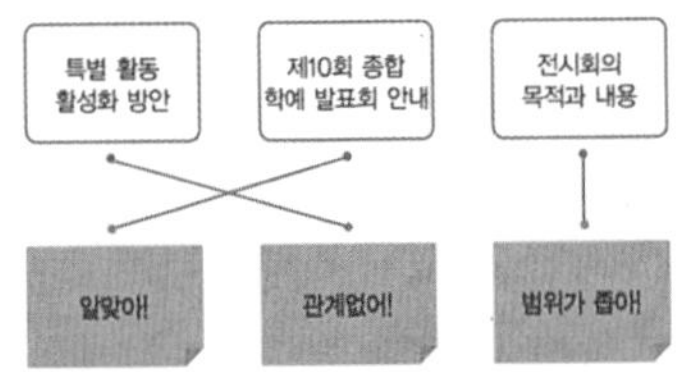

해설
- **특별 활동 활성화 방안** : 특별 활동 활성화를 위한 방안을 내놓은 글이라 할 수 없으므로, 제목과 관계없습니다.
- **제10회 종합 학예 발표회 안내** : 제시문은 안내하는 글이므로, 제목도 무엇을 안내하는 것인지 나타내는 것이 알맞습니다. 그러므로 제목으로 알맞습니다.
- **전시회의 목적과 내용** : 제시문에서 전시회의 목적과 내용을 알려 주고 있지만 다른 내용도 글에 포함되어 있으므로, 제목으로 하기에는 부족합니다.

요목조목 따져보기

1. ① 종합 학예 발표회 ② 특별 활동 ③ 활성화
2. ①

해설
제시문은 정보를 간결하면서도 정확하게 알려 주는 안내문입니다.

15회 | 73~76쪽

글밥지도 그리기

가 ② 성덕 대왕 신종
나 ⑦ 비천상
다 ⑤ 우리나라 최대의 범종
라 ③ 납형법
마 ⑧ 음통

● **제목**

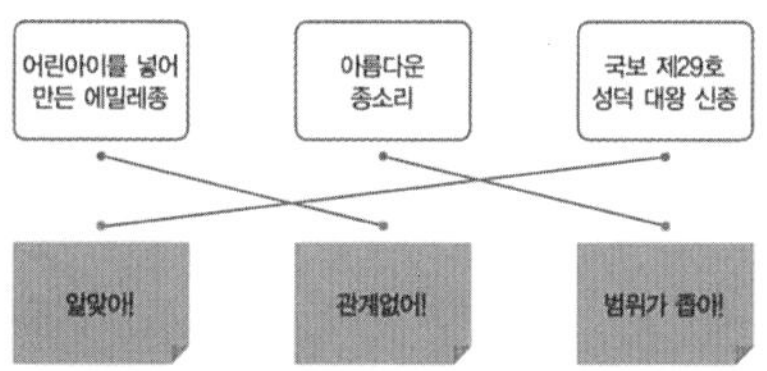

해설

- **어린아이를 산 채로 넣어 만든 에밀레종** : 제시문에서 성덕 대왕 신종의 소리가 아름다운 이유가 종을 만들 때에 쇳물에 어린아이를 넣었기 때문이라는 것은 입에서 입으로 전해지는 이야기일 뿐이라고 했으므로, 제목과 관계없습니다.
- **아름다운 종소리** : 제시문은 성덕 대왕 신종의 이름과 크기, 특징, 가치, 제조 방법과 아름다운 소리를 내는 비결 등을 자세히 설명하고 있습니다. 즉, 아름다운 종소리는 글의 일부분에 해당됩니다. 그러므로 제목으로 하기에 범위가 좁습니다.
- **국보 제29호 성덕 대왕 신종** : 제시문은 성덕 대왕 신종에 대해 자세히 설명하고 있습니다. 그러므로 제목으로 알맞습니다.

● **문단**

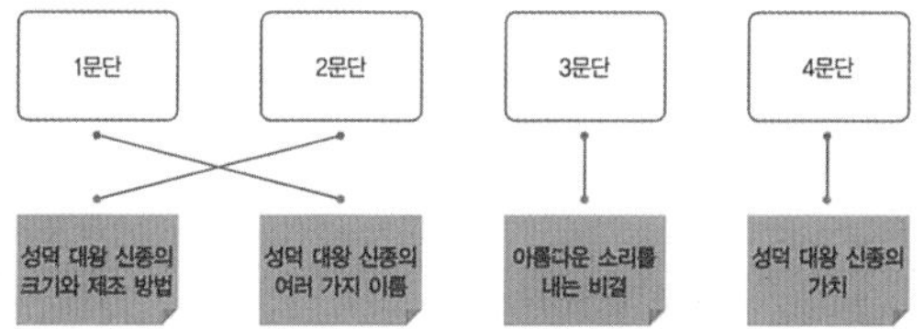

요목조목 따져보기

1. ④
2. ①

해설

종을 만들 때에 쇳물에 어린아이를 넣었다는 것은 입에서 입으로 전해진 이야기일 뿐이라고 했습니다.

16회 | 77~80쪽

글밥지도 그리기

가 ① 재생 에너지
나 ② 자연 상태에서 만들어진 에너지
다 ⑥ 화석 에너지의 고갈
라 ⑦ 경제성
마 ④ 바람의 힘
바 ③ 파도의 힘

● **제목**

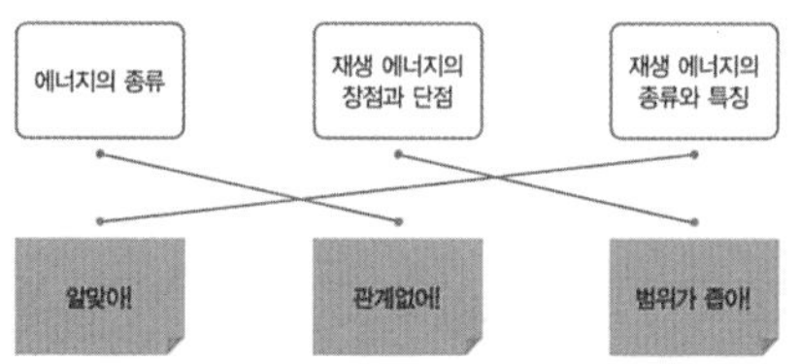

해설

- **에너지의 종류** : 제시문은 재생 에너지에 대한 글이므로, 제목과 상관없습니다.
- **재생 에너지의 장점과 단점** : 재생 에너지의 장점과 단점은 제시문의 일부분이므로, 제목으로 하기에는 범위가 좁습니다.
- **재생 에너지의 종류와 특징** : 제시문은 재생 에너지의 종류와 단점, 장점 등 특징에 대해 설명하고 있으므로, 제목으로 알맞습니다.

● **짜임**

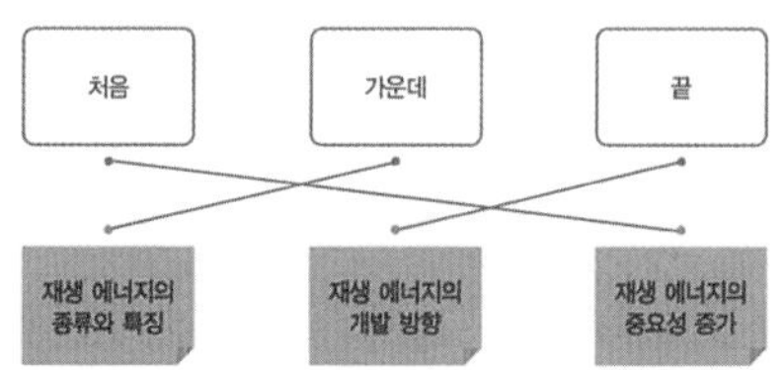

요목조목 따져보기

1. ④
2. ②

해설

재생 에너지는 많은 양의 에너지를 필요로 하는 곳에서는 실용성이 적고, 효율성이나 경제성이 적다는 단점이 있다고 하였으므로, 이것은 바르지 않은 의견입니다.

17회 | 81~84쪽

글밥지도 그리기

가 ⑦ 단종
나 ③ 박팽년
다 ⑥ 까마귀
라 ④ 간사한 신하
마 ⑧ 충성스런 신하
바 ⑤ 충성심

● **주제**

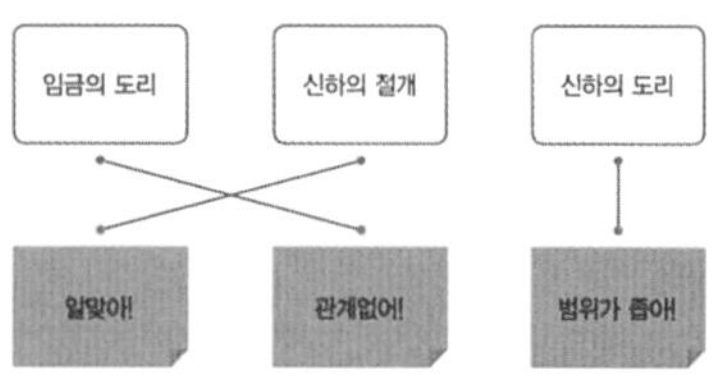

해설

- **임금의 도리** : 제시문은 임금에 대한 신하의 변함없는 충성심이므로, 주제와 관계없습니다.
- **신하의 절개** : 제시문에는 임금에 대한 일편단심은 변하지 않는다고 하였으므로, 주제로 알맞습니다.
- **신하의 도리** : 제시문에는 어떤 한 임금에 대한 신하로서의 도리인 변함없는 충성을 다하겠다고 하였으므로, 제목으로 하기에는 범위가 좁습니다.

● **내용**

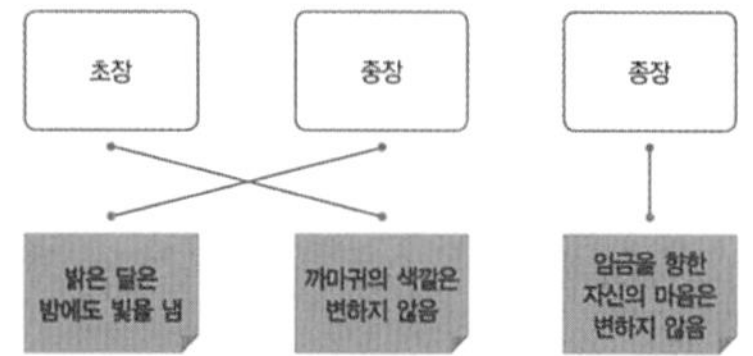

끄덕끄덕 공감하기

1. 고맙다., 감동적이다., 든든하다.
2. ③

해설

이 시조에는 흉내 내는 말은 나타나 있지 않습니다.

18회 | 85~88쪽

글밥지도 그리기

가 ⑤ 우포늪
나 ③ 신문 기사
다 ⑧ 사는 동식물과 탐방 코스
라 ② 가족
마 ⑦ 여러 가지 꽃과 풀과 새들
바 ⑥ 람사르 협약 보존 습지
사 ④ 자부심

● **제목**

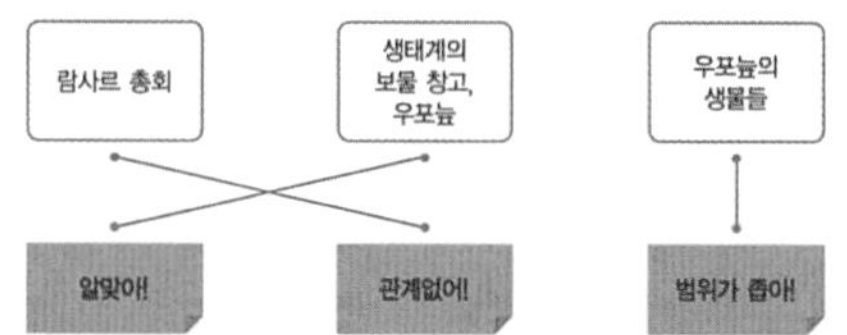

해설

- **람사르 총회** : 제시문은 우포늪에 대한 글이므로, 제목과 상관없습니다.
- **생태계의 보물 창고, 우포늪** : 제시문은 우포늪의 생태계에 대한 글이므로, 제목으로 알맞습니다.
- **우포늪의 생물들** : 우포늪의 생물들에 대한 내용뿐 아니라 우포늪의 가치에 대한 내용도 나타나 있으므로, 범위가 좁습니다.

● **짜임**

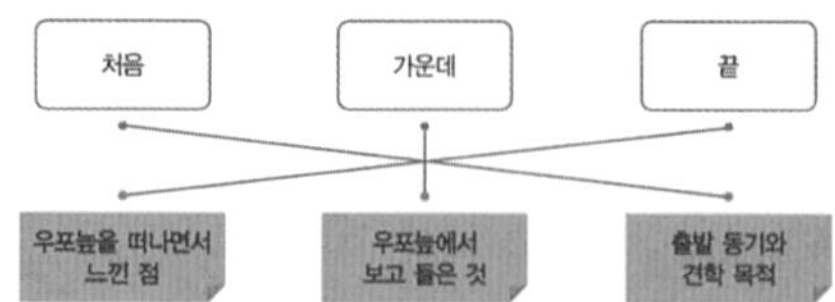

요목조목 따져보기

1. ① 내륙 습지 ② 람사르 협약
2. ④

해설

습지는 다양한 생물들이 서식하고 있어 보존 가치가 높아 잘 보존해야 하므로, 매립하여 농경지로 쓰는 것은 알맞지 않은 의견입니다.

19회 | 89~92쪽

글밥지도 그리기

㉮ ③ 음식물 쓰레기
㉯ ⑤ 경제적 손실
㉰ ⑦ 먹을 양만큼만 알맞게 조리하기
㉱ ④ 거름으로 활용하기

● **제목**

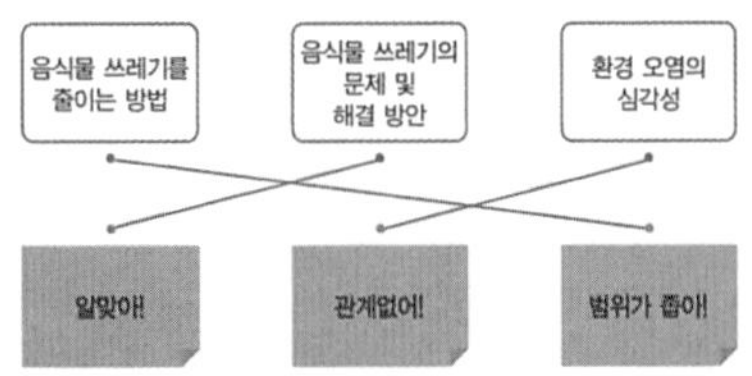

해설

- **음식물 쓰레기를 줄이는 방법** : 제시문은 음식물 쓰레기를 줄이는 방법뿐 아니라 음식물 쓰레기로 인한 문제점을 지적하고 있으므로, 제목으로 하기에는 범위가 좁습니다.
- **음식물 쓰레기의 문제 및 해결 방안** : 제시문은 음식물 쓰레기로 인한 여러 가지 문제점과 해결 방안에 대해 설명하고 있으므로, 제목으로 알맞습니다.
- **환경 오염의 심각성** : 음식물 쓰레기에 대한 내용이므로, 제목과 관계없습니다.

● **문단**

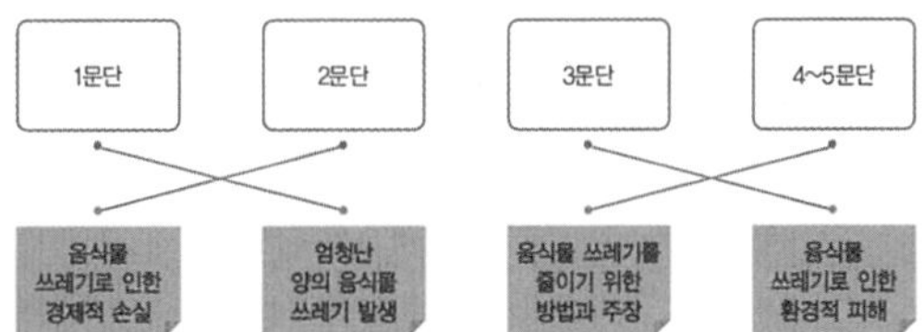

요목조목 따져보기

1. ㉮ 음식물 쓰레기를 줄이기 위해 노력하자.
④

2. ④

해설

매립지를 잘못 관리하면 대기 · 수질 · 토양 · 지하수 오염 문제까지 발생하게 되므로, 이것은 알맞지 않은 의견입니다.

20회 | 93~96쪽

글밥지도 그리기

㉮ ④ 엄청 휴대 전화
㉯ ⑥ 어린이날 최고의 선물 '엄청 휴대 전화' 드디어 출시!
㉰ ① 자녀를 둔 부모
㉱ ⑧ 안전 서비스
㉲ ⑤ 생활에 유용한 다양한 기능
㉳ ⑦ 무엇이든지 가능한 만능 휴대 전화, 요술쟁이 휴대 전화

● **목적**

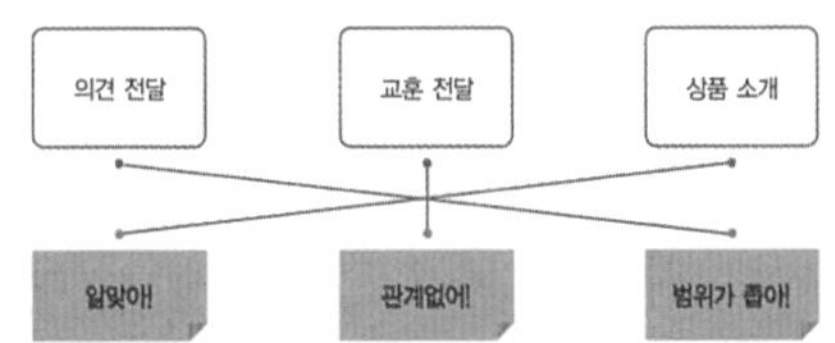

해설

- **의견 전달** : 제시문은 상품을 광고하는 글이므로, 상품에 대한 사실과 의견을 밝히고 있지만 의견을 나타내는 것이 목적이라고 하기에는 범위가 좁습니다.
- **상품 소개** : 제시문은 자신의 회사에서 만든 '엄청 휴대 전화'를 광고하는 글이므로, 광고 목적으로 알맞습니다.
- **교훈 전달** : 제시문은 상품을 광고하는 글이므로, 제목과 관계없습니다.

요목조목 따져보기

1. ① 사 ② 의 ③ 사 ④ 의

2. ②

해설

광고하는 글을 읽을 때에는 제품의 장점뿐만 아니라 단점이 무엇인지도 잘 파악해야 합니다.

21회 | 97~100쪽

글밥지도 그리기

가 ④ 모란꽃, 장미꽃, 할미꽃 나 ⑦ 꽃의 나라
다 ⑧ 젊고 아름다움
라 ① 하얀 머리에 허리가 굽었음
마 ③ 어질고 슬기로움 바 ⑤ 충성스럽고 겸손함
사 ② 할미꽃

● **제목**

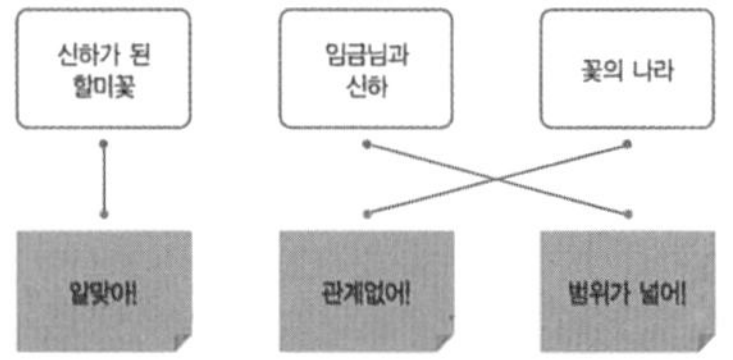

해설

- **신하가 된 할미꽃** : 제시문은 신하가 되겠다고 온 장미와 할미꽃 가운데 할미꽃이 신하가 되는 과정에 대한 이야기이므로, 제목으로 알맞습니다.
- **임금님과 신하** : 제시문에서 장미꽃과 할미꽃이 자신을 신하로 뽑아 달라는 내용이지만, 제시문의 제목으로 하기에는 범위가 넓습니다.
- **꽃의 나라** : 제시문이 꽃의 나라를 배경으로 하고 있지만 꽃의 나라에 대한 자세한 내용은 나타나 있지 않으므로, 제목과 관계없습니다.

● **구성**

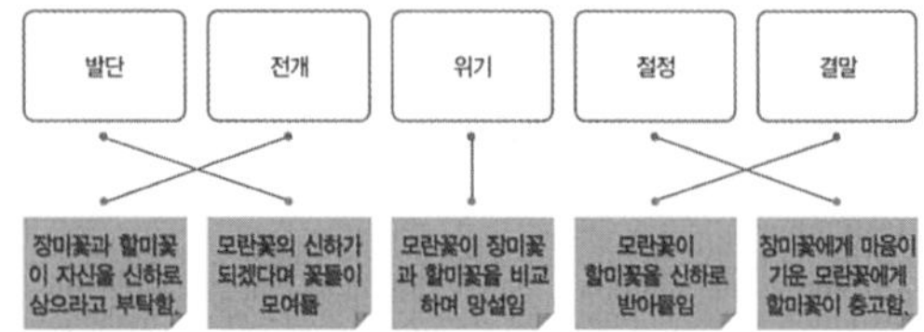

끄덕끄덕 공감하기

1. [예시]
- 장미꽃 : 아름다움과 그윽한 향기까지 갖춘 신하라면 더 좋다고 생각해요.
- 할미꽃 : 겉모습은 비록 초라하지만, 마음이나 충성심까지 초라한 것은 아니라고 생각해요.

2. ②

해설

겉모습이 예쁘다고 마음까지 예쁘다고 생각하는 것은 옳지 않습니다.

22회 | 101~104쪽

글밥지도 그리기

가 ⑥ 토론
나 ② 강동식
다 ① 강용태
라 ④ 주제
마 ⑧ 집중하지 못하기 때문에
사 ⑦ 사고를 예방할 수 있고

● **주제**

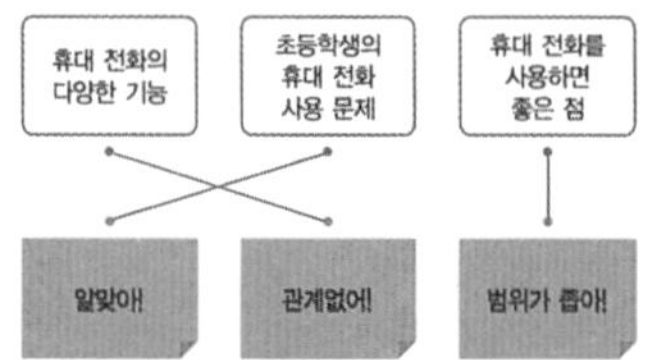

해설

- **휴대 전화의 다양한 기능** : 제시문에는 휴대 전화의 다양한 기능에 대해 토론한 것이 아니므로, 토론 주제와 관계없습니다.
- **초등학생의 휴대 전화 사용 문제** : 제시문은 초등학생이 휴대 전화를 사용해도 좋은가에 대해 찬성편과 반대편을 나누어 각각 의견을 펼친 글이므로, 토론 주제로 알맞습니다.
- **휴대 전화를 사용하면 좋은 점** : 제시문에는 초등학생이 휴대 전화를 사용하면 나쁜 점에 대한 의견도 나타나 있으므로, 토론 주제로 하기에는 범위가 좁습니다.

요목조목 따져보기

1. ④

2. ③

해설

주제에 대해 다양한 의견을 말하기보다는 하나의 주제를 말하며 다양한 근거를 드는 것이 좋습니다.

23회 | 105~108쪽

글밥지도 그리기

가 ② 나
나 ③ 전주
다 ⑦ 아버지, 어머니, 언니, 나
라 ① 밝고 명랑하며 적극적임
마 ⑧ 그림 그리기
바 ④ 할머니께서 돌아가신 일

● **목적**

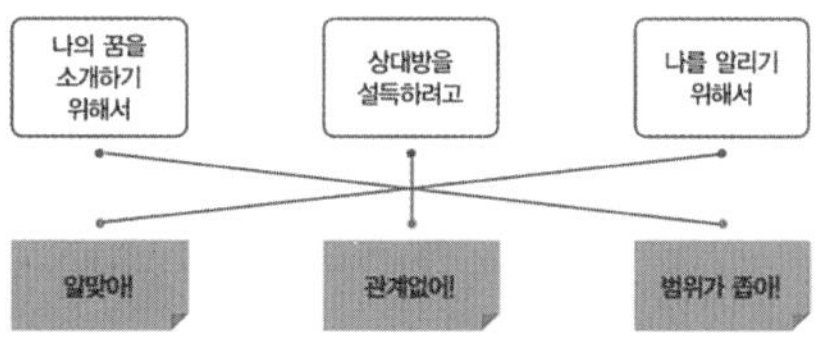

해설

- **나를 알리기 위해서** : 제시문은 상대방에게 나를 알리는 글이므로, 자기 소개를 하는 글의 목적으로 알맞습니다.
- **상대방을 설득하려고** : 소개하는 글은 자신을 알리는 글이지 상대방을 설득하기 위한 목적으로 쓰는 글이 아니므로, 목적으로 상관없습니다.
- **나의 꿈을 소개하기 위해서** : 제시문은 꿈뿐만 아니라 글쓴이의 가족과 성격, 취미와 특기까지 모두 다루었습니다. 그러므로 꿈을 소개하려 했다는 것은 글의 목적으로 하기에 범위가 좁습니다.

● **문단**

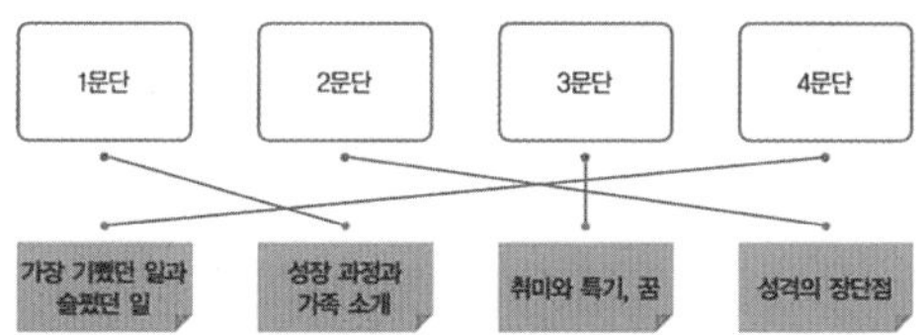

요목조목 따져보기

1. ②, ③, ⑤
2. ①

해설

이 글을 읽으면 글쓴이의 이름, 성격, 취미, 특기, 꿈 등에 관해 잘 알 수 있습니다.

24회 | 109~112쪽

글밥지도 그리기

가 ⑥ 민속놀이 체험 행사
나 ⑧ 민속놀이 체험의 날 행사 가져
다 ① 지난달 5~8일
라 ⑦ 학교 운동장에서
마 ③ 민속놀이를 하는 방법

● **본문**

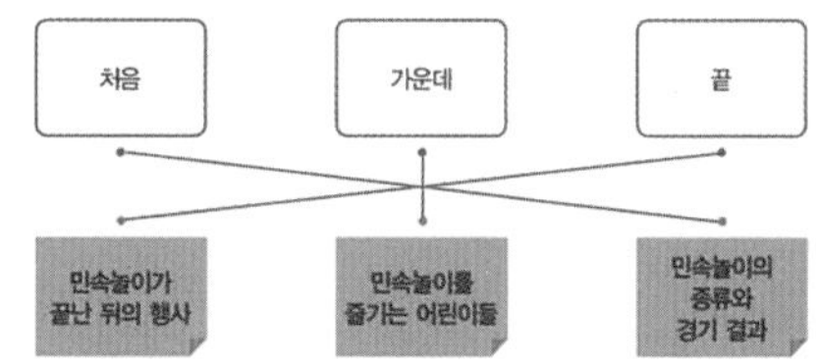

요목조목 따져보기

1. ④
2. ②

해설

기사문은 내용이 간결해서 알리려는 내용이 한눈에 잘 들어오므로, 이것은 알맞지 않은 의견입니다.

25회 | 113~116쪽

글밥지도 그리기

㉮ ⑦ 석가탑과 다보탑
㉯ ⑧ 무영탑
㉰ ④ 남성적인 느낌
㉱ ③ 무구정광대다라니경
㉲ ① 유영탑
㉳ ④ 여성스러운 아름다움

● 제목

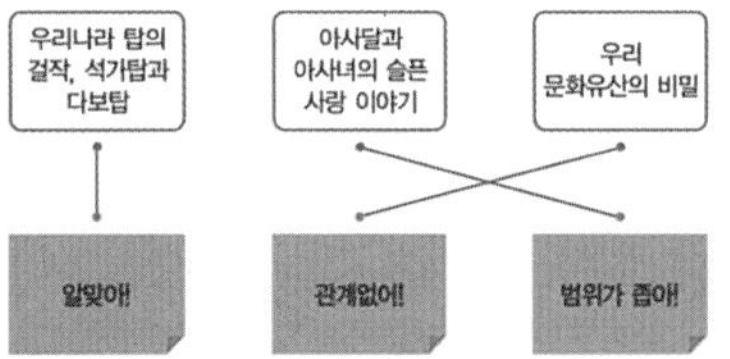

해설

- **우리나라 탑의 걸작 석가탑과 다보탑** : 제시문은 아름답고 예술적으로도 뛰어난 석가탑과 다보탑의 전설, 아름다움, 특징 등이 나타나 있으므로, 제목으로 알맞습니다.
- **아사달과 아사녀의 슬픈 사랑 이야기** : 제시문의 일부분의 내용이므로, 제목으로 하기에는 범위가 좁습니다.
- **우리 문화유산의 비밀** : 제시문은 문화유산의 비밀에 관한 내용은 나타나 있지 않으므로, 제목과 관계없습니다.

● 문단

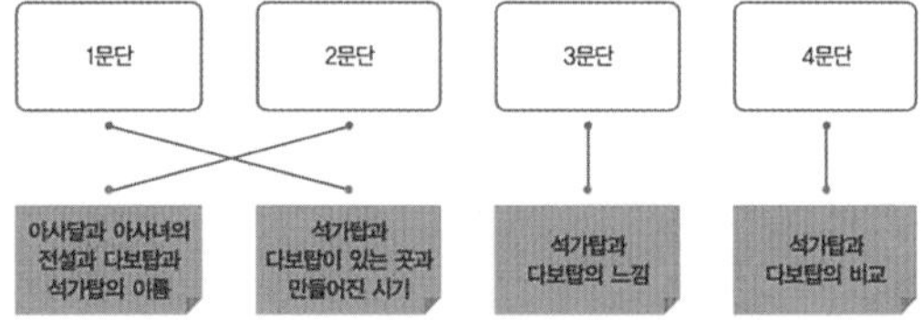

요목조목 따져보기

1. ①, ③, ④
2. ④

해설

조상이 남겨 준 유물은 세계적으로 인정을 받은 것과 인정받지 못한 것 모두 유물로서 가치가 있으므로, 이것은 알맞지 않은 의견입니다.

26회 | 117~120쪽

글밥지도 그리기

㉮ ① 생일 파티 장소
㉯ ⑦ 집
㉰ ② 어머니의 정성이 담긴 음식
㉱ ④ 패스트푸드점이나 레스토랑
㉲ ⑥ 평소에 먹지 못하는 음식
㉳ ③ 시간과 노력

● 제목

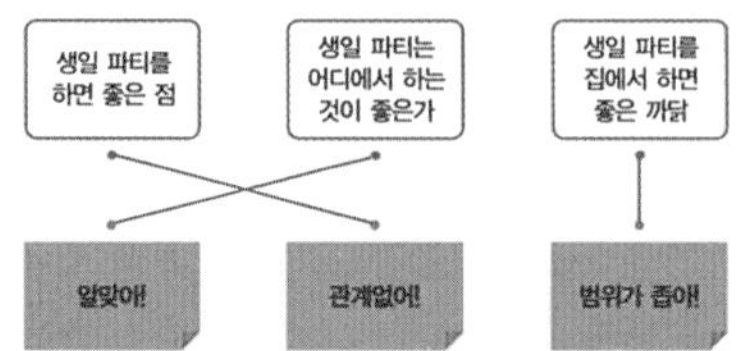

해설

- **생일 파티를 하면 좋은 점** : 제시문은 생일 파티를 하면 좋은 점에 대한 내용은 나타나 있지 않으므로, 제목과 관계없습니다.
- **생일 파티는 어디에서 하는 것이 좋은가** : 제시문에는 생일 파티를 어디에서 하는 것이 좋은지에 대한 두 가지 주장이 나타나 있으므로, 제목으로 알맞습니다.
- **생일 파티를 집에서 하면 좋은 까닭** : 제시문에는 생일 파티를 패스트 푸드점이나 레스토랑에서 하는 것이 좋다는 의견도 나타나 있으므로, 제목으로 하기에는 부족합니다.

요목조목 따져보기

1. ③
2. ②

해설

제시문은 적절한 근거를 들어 주장을 하고 있어 글을 읽는 사람이 판단하는 데 도움을 주고 있습니다.

27회 | 121~124쪽

글밥지도 그리기

가 ⑦ 으뜸 한마음 알뜰 바자회
나 ③ 으뜸 초등학교
다 ④ 이웃과 나누는 마음
라 ⑥ 학습 자료나 도서
마 ⑧ 학교 별관 강당
바 ① 아나바다 운동

● **제목**

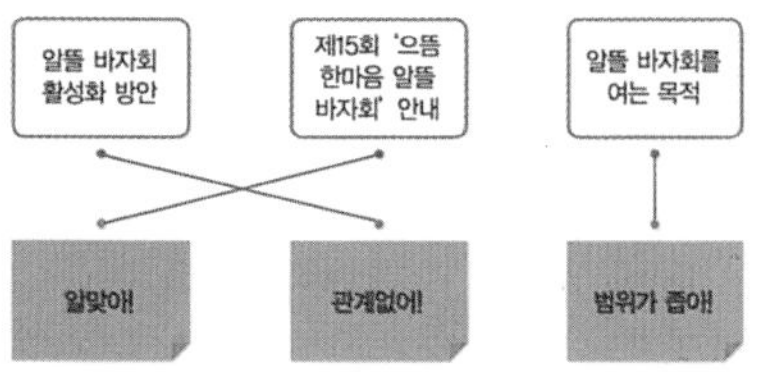

해설

- **알뜰 바자회 활성화 방안** : 제시문에는 알뜰 바자회 활성화 방안에 대한 내용은 나타나 있지 않으므로, 제목과 상관없습니다.
- **제15회 '으뜸 한마음 알뜰 바자회' 안내** : 제시문은 알뜰 바자회에 대해 안내하는 글이므로, 제목으로 알맞습니다.
- **알뜰 바자회를 여는 목적** : 알뜰 바자회를 여는 목적 제시문에 나타난 내용 가운데 하나로 전체 내용을 다 포함할 수 없으므로, 제목으로 하기에는 범위가 좁습니다.

요목조목 따져보기

1. ②, ④
2. ①

해설

제시문에는 행사 내용, 목적, 장소, 기간 같은 핵심적인 내용이 잘 나타나 있습니다.

28회 | 125~128쪽

글밥지도 그리기

가 ⑧ 안중근
나 ⑦ 황해도 해주
다 ② 애국심이 강하고 의지가 굳음
라 ⑥ 돈의 학교
마 ③ 이토 히로부미
바 ① 애국지사

● **제목**

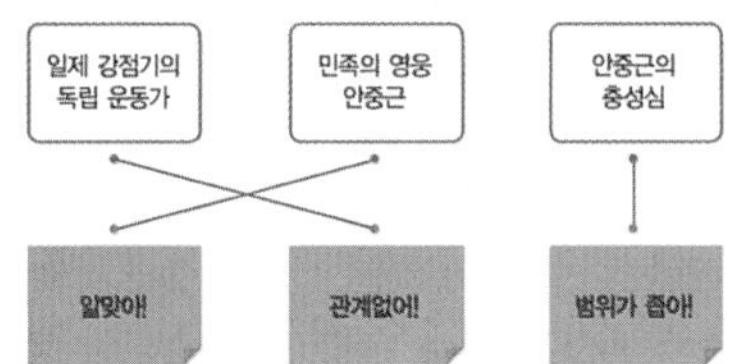

해설

- **일제 강점기의 독립 운동가** : 제시문은 독립 운동가인 안중근 의사에 대한 글이므로, 제목과 관계없습니다.
- **만족의 영웅 안중근** : 제시문은 안중근의 출생과 활동, 업적, 본받을 점 등이 나타나 있으므로, 제목으로 알맞습니다.
- **안중근의 충성심** : 제시문에는 안중근의 충성심뿐만 아니라 출생, 성격, 업적 등이 나타나 있으므로, 제목으로 하기에는 범위가 좁습니다.

● **짜임**

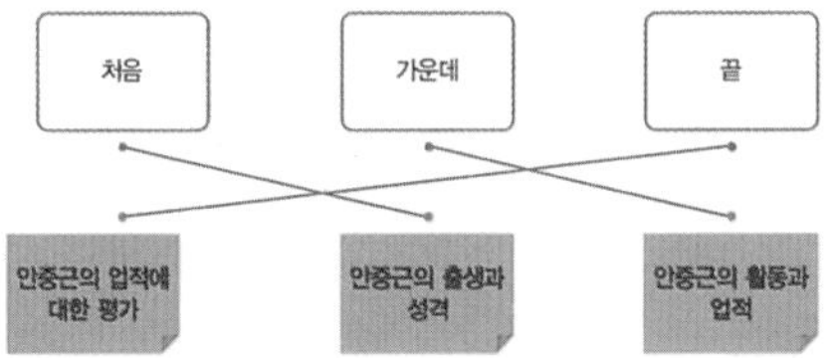

끄덕끄덕 공감하기

1. ① 긴장하다. ② 통쾌하다.
2. ④

해설

안중근 의사는 빼앗긴 나라를 되찾기 위해 나라를 빼앗은 나라의 우두머리를 죽인 것이므로, 안중근의 행동이 잘못되었다는 것은 알맞지 않은 의견입니다.

29회 | 129~132쪽

글밥지도 그리기

㉮ ③ 위문 편지
㉯ ② 경호
㉰ ④ 안녕? 나 민호야.
㉱ ① 민호
㉲ ⑧ 친구를 위로하기 위해서

● **하고 싶은 말**

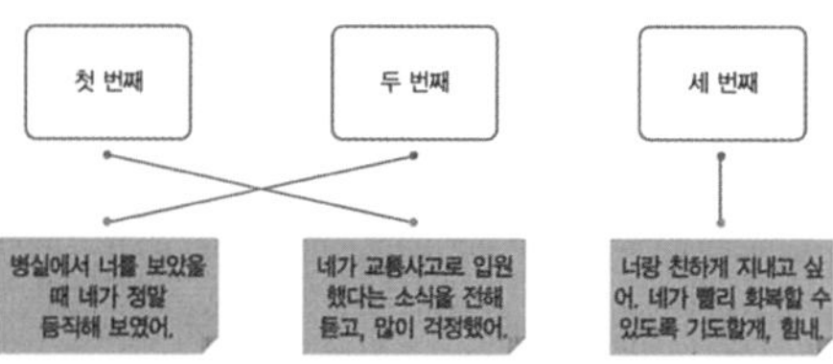

● **제목**

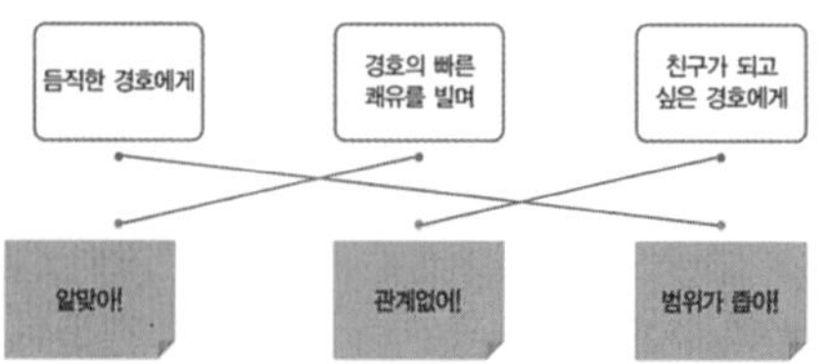

해설

- **듬직한 경호에게** : 편지글에 나와 있는 일부분의 내용이므로, 제목으로 하기에는 범위가 좁습니다.
- **경호의 빠른 쾌유를 빌며** : 편지를 쓴 목적은 병원에서 치료를 받고 있는 경호를 위로하기 위해 쓴 것이므로, 제목으로 알맞습니다.
- **친구가 되고 싶은 경호에게** : 민호와 경호는 이미 친구 사이이므로, 제목과 관계없습니다.

끄덕끄덕 공감하기

1. 고맙다, 기쁘다
2. ③

해설

민호는 편지 쓰는 형식에 맞추어 알맞게 편지를 썼으므로, 이것은 알맞지 않은 의견입니다.

30회 | 133~136쪽

글밥지도 그리기

㉮ ③ 멸치
㉯ ⑥ 용이 된다는 뜻
㉰ ① 구름을 타고 다닌다는 뜻
㉱ ④ 물 밖으로 나간다는 뜻
㉲ ② 소금을 뿌린다는 뜻
㉳ ⑧ 불에 굽는다는 뜻

● **제목**

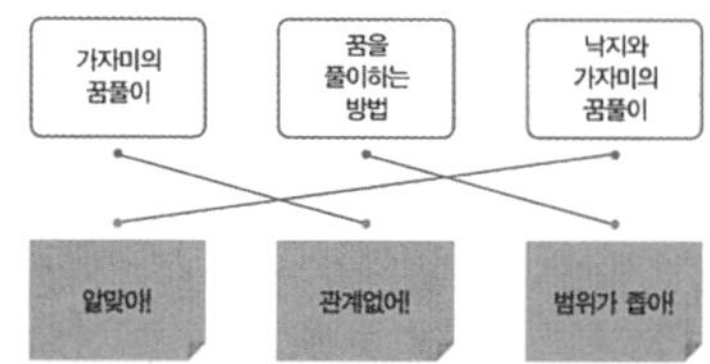

해설

- **가자미의 꿈풀이** : 제시문에는 멸치가 꾼 꿈에 대한 낙지의 꿈풀이와 가자미의 꿈풀이가 모두 등장합니다. 따라서 가자미의 꿈풀이를 제목으로 하기에는 범위가 좁습니다.
- **꿈을 풀이하는 방법** : 제시문은 멸치가 꾼 꿈과 꿈풀이가 소개되고 있지만, 꿈을 풀이하는 방법에 대해 다루고 있지는 않습니다. 따라서 제목과 관계없습니다.
- **낙지와 가자미의 꿈풀이** : 제시문은 멸치가 꾼 꿈을 낙지와 가자미가 풀이하면서 생긴 일을 담고 있습니다. 그러므로 제목으로 알맞습니다.

● **순서**

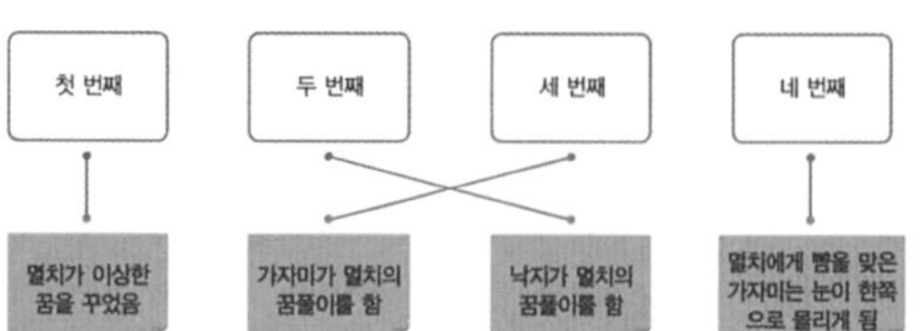

끄덕끄덕 공감하기

1. [예시]
①㉡ ②㉠ ③㉣ ④㉢
2. ④

해설

본인의 잘못은 생각하지 않은 채 뒤에서 흉을 본 가자미를 혼내 준 멸치의 행동도 옳지 않습니다.